Christine Nöstlinger
Glück ist was für Augenblicke

Christine Nöstlinger

Glück ist was für Augenblicke

Erinnerungen

Nach aufgezeichneten Gesprächen mit Doris Priesching
Mit einer Bibliografie von Sabine Fuchs

Residenz Verlag

Bibliografische Information der Deutschen Bibliothek
Die Deutsche Bibliothek verzeichnet diese Publikation in der Deutschen Nationalbibliografie; detaillierte bibliografische Daten sind im Internet über http://dnb.d-nb.de abrufbar.

www.residenzverlag.at

3. Auflage 2014

Umschlaggestaltung: boutiquebrutal.com
Umschlagbild: Paul Schirnhofer
Abbildungen: privat, außer S. 141: Stefan Moses, S. 194, 218: Alexa Gelberg
Typografische Gestaltung, Satz: Lanz, Wien
Lektorat: Jessica Beer
Gesamtherstellung: CPI Moravia Books

ISBN 978 3 7017 3303 3

Inhaltsverzeichnis

Anhang

Vom nicht sehr mutigen Großvater, von der bösen Großmutter und einer insgesamt eher merkwürdigen Sippe

Der Vater meines Vaters, der Leopold Göth, kam mit 15 Jahren mutterseelenallein von Siebenbürgen nach Wien, um die Handelsschule zu besuchen. Das Geld, das seine Eltern jeden Monat schickten, reichte gerade für »Kost und Quartier« bei der Familie Doufek. Das »Quartier« war ein kleines Kabinett hinter der Küche, über die »Kost« sagte mein Großvater später bloß achselzuckend: »Einbrennsuppen und Erdäpfel halt«.

Die Doufeks waren aus Böhmen zugezogen und hatten – nebst allerhand anderem Nachwuchs – eine Tochter im Alter meines Großvaters. Juliane hieß sie, recht hübsch war sie, und der Leopold fing mit ihr ein »Pantscherl« an. So nannte er das rückblickend.

Die Jahre vergingen, der Leopold bekam eine Anstellung in einem Großhandel für Uhrenfurnituren. Das sind die einzelnen Bestandteile von Uhren. Im Doufek-Kabinett hinter der Küche wohnte er immer noch, das »Pantscherl« mit der Juliane hatte er auch noch immer, und die Juliane wollte endlich geheiratet werden.

Nach sieben Jahren wurde ihr die Warterei zu blöd, sie sperrte den Leopold in sein Kabinett und erklärte ihm durch die versperrte Tür, dass sie ihn erst rauslassen würde, wenn er ihr schwören würde, binnen der nächsten Woche das Aufgebot zu bestellen.

Der Leopold überlegte eine Nacht lang. Schließlich sagte er sich, dass er diese Frau sowieso nie mehr los würde, es sei denn, er wanderte nach Amerika aus. Und das traute er sich nicht zu. Also schwor er brav, durfte endlich aus dem Kabinett raus, und ging mit der Juliane das Aufgebot bestellen.

Bald nach der Hochzeit machte der Großvater einen eigenen Uhrenfurniturenhandel auf. Einen richtigen Laden hatte er nicht. Sein Warenlager war im Kabinett der Zimmer-Küche-Kabinett-Wohnung, in der er mit der Großmutter lebte. Und er war sein eigener und einziger Vertreter.

»Er geht mit der Taschen«, nannte das die Großmutter.

Jeden Morgen ging er mit einer vollgepackten ledernen Aktentasche weg, besuchte Uhrmacher, nahm Bestellungen auf und lieferte bestellte Bestandteile aus.

Nach etlichen Ehejahren bekamen der Leopold und die Juliane eine Tochter, die Poldi. Und elf Jahre später dann einen Sohn: den Walter, meinen Vater.

Die Poldi wurde mit 17 Jahren schwanger und heiratete, wie sich das so gehörte, den Kindesvater, der ebenfalls erst 17 Jahre alt war.

Der Erste Weltkrieg war gerade verloren worden, die Lebensumstände waren noch grausiger, als sie vorher schon gewesen waren, und die Poldi und ihr Mann, der Sohn eines Briefmarkenhändlers war, planten einen Betrug mit gefälschten Briefmarken. Bevor der Plan in die Tat umgesetzt werden konnte, flog die Sache auf.

Die Poldi brachte ihren drei Monate alten Sohn zu ihren Eltern und bat sie, das Baby bis zum Abend zu hüten.

Sie kam weder am Abend noch am nächsten Tag. Meine Großeltern sahen ihre Tochter erst 25 Jahre später wieder, und sie bekamen in diesen 25 Jahren auch keine Nachricht von ihr.

Die Poldi und ihr Mann waren nach Südamerika geflüchtet und dann zwei Jahrzehnte lang von Land zu Land gezogen, bettelarm im wahrsten Sinn des Wortes.

Meine Großmutter war nicht bereit, ihren Enkel zu betreuen. Sie gab das Baby untertags in eine private Kinderkrippe, von deren Besitzerin man munkelte, dass sie eine »Engelmacherin« sei.

Heute glaubt man ja oft, Engelmacherinnen seien Frauen gewesen, die Abtreibungen gemacht haben. Das werden sie wohl auch getan haben, aber sie machten vor allem aus bereits geborenen Babys Engel. Ein bissel Schnaps in die Milchflasche, und schon gibts einen Gedärmkatarrh, an dem starben damals ja viele Babys, das fiel also nicht weiter auf.

Jedenfalls war der kleine Sohn der Poldi ein paar Wochen später tot – gestorben an den Folgen eines Gedärmkatarrhs.

Das traurige Schicksal seiner Tochter erschütterte meinen Großvater. Die Schuld daran, dass alles so gekommen war, gab er seiner Frau. Und so beschloss er, die Erziehung meines Vaters, der damals noch ein kleiner Bub war, selbst in die Hand zu nehmen. Mein Vater wurde von seinem Vater erzogen und meine Großmutter durfte sich nicht einmischen. Das setzte er durch. Wohl das Einzige, was er in seiner langen Ehe gegen den Willen seiner Frau durchsetzte.

Alles andere, von dem er annahm, dass es seiner Juliane »gegen den Strich« gehen würde, tat er heimlich. Ob er brav seiner Arbeit nachging oder im Kaffeehaus war, Karten oder Billard spielte und Kontakt zu willigen Damen aufnahm, konnte sie ja kaum kontrollieren.

Mein Großvater hatte bis ins hohe Alter jede Menge Affären. Er war ein sehr hübscher, groß gewachsener Mann, gebildet, witzig und dazu noch großzügig. Und er rechtfertigte seine außereheliche Umtriebigkeit damit, dass sein Eheweib den Vollzug der »ehelichen Pflichten«, soweit sie das Bett betrafen, höchstens einmal pro Monat bewilligte. Ein in der Familie oft zitierter Ausspruch von ihr war: »Also ehrlich, ein Blumenstöckerl ist mir lieber!«

Trotzdem war sie schrecklich eifersüchtig. Erfuhr sie von einer Affäre, meistens durch eine geschwätzige Nachbarin, wurde sie komplett hysterisch.

Etliche Jahre hatte der Großvater sogar eine Geliebte, die in unserem Haus wohnte.

Der Großvater und die Großmutter wohnten im Parterre auf Tür Nummer 1, meine Mutter, mein Vater, meine Schwester und ich wohnten im Parterre auf Tür Nummer 4, das war die letzte Tür. Die Geliebte wohnte im 2. Stock, zusammen mit ihrer Mutter.

Sie war eine junge, hübsche Frau, die in der Gegend »die Rote« genannt wurde. Den Namen trug sie nicht aus politischen Gründen, sondern wegen ihrer feuerroten Haare, die sie zu einem dicken Zopf geflochten, zweimal um den Kopf gewickelt und aufgesteckt trug.

Ich war bei meiner Großmutter in der Küche, saß auf dem kleinen Schemel, hatte eine Puppe im Schoß und mühte mich ab, ihr ein Kleid anzuziehen.

Die Großmutter und ihre Schwester, die kleine, verwachsene Minna, saßen auf der Kohlenkiste, tranken Ersatzkaffee und ließen ihre Beinchen mit den karierten Filzpatschen an den Füßen von der Kiste baumeln.

Großvater Leopold, der »schöne Opa«

Die Minna redete auf die Großmutter ein, die Großmutter fing zu zittern an, stoßweise kamen Schluchzer aus ihr raus, das Kaffeehäferl fiel zu Boden und rollte quer durch die Küche. Die Großmutter sprang von der Kohlenkiste, kreischte: »I brings um, die Hur!« und raste aus der Wohnung, dem Stiegenhaus zu.

Die Minna rannte hinterher und flehte: »Net, Juli, net!«

Die Großmutter stürmte die Stiege hoch, die Minna folgte ihr. Allerhand Gepolter und Gekreisch der Großmutter kam von oben, und dann war noch lauter als das Gekreisch zu hören: »Frau Göth, Frau Göth, bringen S' meine Tochter net um!«

Schließlich hastete die Rote über die Stiege runter, ihr schöner, dicker Zopf hatte sich vom Kopf gelöst und flatterte hinter ihr her. Gleich dahinter stolperte meine Großmutter. Und wieder ein paar Stufen dahinter die Minna.

Am Fuß der Stiege bekam meine Großmutter das Zopfende zu fassen. Die Rote rannte weiter, die Großmutter ließ den Zopf nicht los. Und so schleppte die Rote meine immer noch kreischende Großmutter hinter sich her, dem Haustor zu.

Wie die Sache weiterging, weiß ich nicht, denn meine Mutter kam aus der Wohnung gerannt, schnappte mich und bugsierte mich hinter die 4er-Tür. »Das ist nichts für Kinder!«, belehrte sie mich.

Die Rote und ihre Mutter wohnten natürlich weiter in unserem Haus und versuchten, meiner Großmutter nicht zu begegnen. Ob das Verhältnis mit meinem Großvater nach der Zopf-Geschichte beendet war, weiß ich nicht.

Wie viele Geschwister meine Großmutter hatte, weiß ich auch nicht. Sie hatte nur zu zweien Kontakt. Zum Gustl und zur Minna.

Der Gustl war früher Glasbläser gewesen, spezialisiert auf diese schweren gläsernen Briefbeschwerer, die innen drin herrliche bunte Glasblumen haben. Dann hatte ihn der Schlag getroffen und er hatte nicht mehr arbeiten können. Er zog ein Bein nach, hatte einen schiefen Mund und musste meiner Großmutter zweimal die Woche als Tarock-Partner dienen. Gewinnen durfte er dabei nicht zu oft. Sonst konnte es passieren, dass sie ihn rauswarf.

Die Minna war viel jünger als die Großmutter. Sie war allerhöchstens 1,40 groß, hatte einen riesigen Höcker und unglaubliche O-Beine. Ihre Knie standen fast einen halben Meter auseinander.

Die Minna kam jeden Tag. Sie war die unbezahlte Putzfrau der Großmutter. Ihr Geld verdiente sie damit, dass sie winzige Vogelfedern mit flüssigem Kautschuk zu zierlichen Damenhütchen zusammenklebte.

In der Wohnung der Großeltern gab es ein paar dieser gläsernen Briefbeschwerer. Ich borgte sie mir oft zum Spielen. Und von den kleinen Vogelfedern stibitzte ich mir auch oft eine Kinderhand voll und spielte mit ihnen. Daran, was man mit Vogelfedern und Briefbeschwerern spielt, erinnere ich mich nicht mehr.

In früheren Jahren wollte ich einen Roman schreiben: ALLE SELBSTMORDE DER GROSSMUTTER.

Sie drohte ständig, sich zu vergiften, zu erhängen, ins Wasser zu gehen, von hoch oben runterzuspringen oder sich ein Messer ins Herz zu stoßen. Und hatte sie das Gefühl, der Leopold reagiere auf ihre Drohungen nicht mehr ausreichend, schritt sie zur Tat.

Einmal rannte sie in den 2. Stock hinauf, riss ein Gangfenster auf, kletterte aufs Fensterbrett und gab vor, sich in den Hof stürzen zu wollen. Der Großvater keuchte hinter ihr her, verlor dabei einen Patschen und stolperte. Es brauchte also einige Zeit, bis er bei seiner angeblich lebensmüden Gemahlin war, und sie musste auf dem Fensterbrett in »Sprungstellung« ausharren, bis er sie endlich vom Fensterbrett holte.

Einmal trank sie Lysol, ein ätzendes Putzmittel. Aber der zu Hilfe gerufene Doktor Kübler, der ziemlich rüde Umgangsformen hatte, sagte zum Großvater: »Nur ka Aufregung, Herr Göth. Hat eh nix g'schluckt. Hat sich mit dem Zeug nur die Lippen feucht g'macht.«

Am liebsten war ihr aber die »Ich-dreh-das-Gas-auf«-Methode. Und jedes Mal schrieb sie einen Abschiedsbrief mit vielen Rechtschreibfehlern. Ihre »letzten Zeilen« schrieb sie auf Kanzleipapier mit einem Kopierstift. Das war ein Bleistift, den spuckte man an, und danach schrieb er fast wie lila Tinte, aber natürlich nur eine gewisse Zeit, dann wurde er wieder zum gewöhnlichen Bleistift, und man musste neu spucken. Die Briefe unterzeichnete sie immer mit »deine ungelippte Julia«.

An einen ihrer Gas-Selbstmorde erinnere ich mich gut. Da muss ich sechs oder sieben Jahre alt gewesen sein.

Diesmal fühlte sie sich »ungelippt«, weil ihr der Großvater beim Weggehen nicht die üblichen drei Küsse – rechte Wange, linke Wange, Mund – gegeben hatte. Sie zog ihr Seidennachthemd an, löste ihren Haarknoten, setzte ihren goldenen Zwicker auf, öffnete in der Küche die Gashähne vom Rechaud und vom Backrohr und drapierte sich samt Abschiedsbrief auf der Tagesdecke des Ehebettes.

Es war halb sieben, mein Großvater kam normalerweise jeden Abend um sieben Uhr von der Arbeit heim. Aber an diesem Tag gab es einen gröberen Stromausfall und die Straßenbahn fuhr nicht. Der Großvater musste zu Fuß heimlatschen und machte zudem im Kaffeehaus noch eine kurze Rast.

Für ein Foto friedlich vereint: Großmutter Juliane, meine Mutter und mein Vater

Es wurde sieben, es wurde viertel acht, es wurde halb acht, das Gas strömte aus und stank schon gewaltig ins Zimmer rein, und der Großvater war noch immer nicht da!

Zur selben Zeit machte sich meine Mutter gerade fürs Kino zurecht. Ich stand neben ihr und schaute ihr zu, wie sie sich in der Küche vor dem Spiegel den Hut aufsetzte. Der Hut hatte die Form einer Schweinsstelze. Das war damals modern.

In dem Moment, als sich meine Mutter die Stelze auf den Kopf drückte, ging die Wohnungstür mit einem Ruck auf, die Großmutter im Nachthemd, den Zwicker schräg auf der Nase, die Wallehaare flatternd vor Erregung, kreischte sie: »G'schwind, g'schwind, i hob mi umbracht!«

Meine Mutter seufzte, nahm die Stelze vom Kopf, warf sie in die Waschmuschel und murmelte gottergeben: »Wegen dem alten Luder versäum ich jetzt die Premiere!«

Dann schob sie die Großmutter auf den Gang raus und zurück in ihre Wohnung, drehte das Gas ab und lief runter auf die Jörgerstraße, um den Doktor Kübler zu holen.

Schlecht gehört hatte meine Großmutter bereits als junge Frau. Im Alter war sie fast taub. Sie hatte ein gewundenes Hörrohr aus Zelluloid mit einem Trichter am Ende. Wir nannten das Ding Ohrtrompete. Das sollte ihr beim Hören helfen, was es aber kaum tat. Und auf der Straße benutzte sie die Ohrtrompete natürlich auch nicht. Sie hörte es also nicht, wenn sie von anderen Leuten gegrüßt wurde. Auf einen höflichen Gruß war sie aber wie versessen. Ging jemand an ihr vorbei und brüllte ihr den höflichen Gruß nicht direkt ins Ohr, hörte sie ihn nicht und war beleidigt.

Da konnte es passieren, dass sie dem armen Menschen nachrannte, ihn am Kragen packte und erbost fragte: »Was verweigern S' mir den Gruß? Bin i Ihnen vielleicht vom Arsch runterg'fallen?«

Zu mir war sie nett und freundlich. Wenigstens so lange ich klein war. Und ich war gern bei ihr in der Wohnung. Mit ihr auf den Markt, zum Einkaufen, ging ich weniger gern. Sie musste die Ware nämlich vor dem Kauf gründlich prüfen. Sie pflegte zum Beispiel mit den Fingern in die Salathäuptel hineinzustochern, um zu spüren, ob das »Herzl« auch ordentlich groß und fest sei.

Und die Standler schimpften: »Weg da von mein Salat, du alte Rauchfangtauben!«

Sie hörte es nicht und stocherte seelenruhig weiter und kapierte nicht, warum ich sie am Kittel zerrte und vom Standl wegziehen wollte.

Eier mussten ihrer Meinung nach mindestens sechs Deka haben. Jedes Ei wog sie daheim ab, und hatte ein Ei nur fünf

Deka, drückte sie es mir in die Hand und schickte mich damit zum Herrn Meder, unserem Greißler, zurück.

Nie im Leben wäre ich mit dem Ei zum Meder gegangen, da hätte ich mich zu Tode geniert! Der Großmutter sagen, dass ich dazu nicht bereit bin, wollte ich aber auch nicht. Also ging ich mit dem Ei bis zur Straßenecke und ließ es dort aufs Kanalgitter fallen.

Sie sagte dann bloß: »Mein Gott, ist das Madel patschert!«

Nach dem dritten oder vierten Ei, das auf dem Kanalgitter kaputtgegangen war, betraute sie mich nicht mehr mit ihren Reklamationen.

In der Familie meines Vaters gab es außerdem noch eine Cousine der Großmutter, die Kathi-Tante. Sie lebte mit einer Ziege und ein paar Kaninchen in einer Wellblechhütte irgendwo an der Donau, in einem Schrebergarten.

Und den Franz-Onkel und die Vicky-Tante, zwei jüngere Geschwister vom Großvater, gab es auch noch. Der Franz war – wie der Großvater – schon als 15-jähriger aus Siebenbürgen nach Wien gekommen, die Vicky kam erst im letzten Kriegsjahr nach Wien. Der Franz brachte es zum Prokuristen einer Holz-Kohle-Koks-Firma, die Vicky lebte von schlecht bezahlter Heimarbeit. Und beide waren mit Verfolgungswahn geschlagen. Der Franz-Onkel glaubte, er sei das Opfer eines Versicherungsbetrugs. Seine Schwägerin, meine Großmutter, habe eine hohe Lebensversicherung auf ihn abgeschlossen und wolle ihn umbringen, um das Geld zu kassieren.

Das Argument, dass man niemanden ohne dessen Einwilligung versichern lassen könne, half natürlich nichts. Dann erklärte er: »Eh klar, aber der Versicherungs-Agent ist ja mit ihr im Bandl!«

Mit der Zeit war dann schon die halbe Welt »mit im Bandl«, und meinte mein Großvater, dass dann für jeden kaum noch Geld rausschaue, erklärte er: »Eh klar, aber jetzt können sie ja nicht mehr zurück, sonst fliegen sie auf!«

Die Vicky-Tante hatte den Wecker-Franz. Der lebte in ihrem Wecker und gab ihr Befehle.

Etwa den, ihren kargen Verdienst in Kleingeld umzuwechseln und im Park auf dem Rasen zu verstreuen. Den Franz hatte ihr ebenfalls meine Großmutter in den Wecker gesetzt.

Vom Halterbuben, von der bösen Stiefmutter und vom unsinnigen Wunsch nach mindestens zehn Kindern

Meine Urgroßmutter mütterlicherseits, die Anna Hart, bekam als Mitgift ein paar große Weingärten auf dem Schafberg und ein Biedermeierhaus in der Kalvarienberggasse. Im Erdgeschoß war ein Wirtshaus, drüber eine riesige Wohnung und unter dem Dach waren die Kammerln fürs Personal.

Von meinem Urgroßvater, dem Peter Hart, weiß ich nur, dass er jung starb und der Anna mehrere Zinshäuser hinterließ. Dass er ein »Wirkl. geheimer Rat« gewesen ist, steht auf der Familiengruft.

Die beiden hatten ein Kind, die Eleonore, von der es hieß, sie sei »ein verzogener Fratz«. Aber viel Zeit für die Tochter hatte die Anna wohl nicht. Sie war mit Leib und Seele Wirtin und den ganzen Tag und die halbe Nacht unten im Wirtshaus. Die Eleonore wurde von den Dienstboten betreut.

Nach dem Tod ihres Mannes war die Anna mit dem Regierungsrat Rudolf Danzinger liiert. Das war bequem, denn der wohnte im Haus gegenüber. Und sehr beweglich war die Anna nicht. Sie war im Lauf der Jahre so dick geworden, dass sie im Kino einen Spezial-Sitz im Abo hatte, der war doppelt so breit wie ein normaler.

Als die Eleonore 15 Jahre alt war, bekam sie einen Lungenspitzenkatarrh und wurde zum Auskurieren auf eine Alm geschickt. Nach drei Monaten kam sie schwanger heim. Ein »Halterbub« sei der Vater, erklärte sie angeblich.

Also musste ein Ehemann her! Der Regierungsrat bot seinen Sohn an, den Rudolf junior. Der war nicht gerade der Klügste, hatte ewig lang zur Matura gebraucht und nachher eine Stelle bei der Post angenommen. Außerdem hatte er dauernd Schulden, für die sein Vater zahlen musste.

Etwas Besseres als reich zu heiraten, fand der Regierungsrat, könne sein Sohn vom Leben nicht erwarten. Und die Eleonore, fand meine Urgroßmutter, könne in ihrer Lage nicht wählerisch sein. Aber verachtet hat sie den Schwiegersohn von Anfang an. »Der windige Postbeutel« nannte sie ihn.

Meine Mutter, die Michaela, kam bald nach der Hochzeit auf die Welt. Drei Jahre später bekam sie einen Bruder, den Rudi, wohl wirklich das Kind vom »windigen Postbeutel«. Doch lange hielt die arrangierte Ehe nicht mehr. Ein Jahr später war die Eleonore geschieden. Die Michaela und der Rudi kamen zur Großmutter, bei der sie schon vorher die meiste Zeit gewesen waren.

Wie und wo ihre Mutter nach der Scheidung gelebt hatte, hat meine Mutter nie genau erfahren. Da gab es nur Tanten-Gerüchte von einem Geliebten und einem tot geborenen Kind und einem Leben in Luxus-Hotels.

Sieben Jahre war meine Mutter alt, als ihre Großmutter starb und ihre Mutter kurz darauf grausigen Selbstmord beging. Sie schnitt sich die Pulsadern auf, stieg aufs Fensterbrett, wickelte sich die Jalousie-Schnur um den Hals und sprang vom vierten Stock in die Tiefe.

Der geschiedene Vater zog zu den Kindern zurück, das Wirtshaus wurde zugesperrt, das Personal, bis auf das Kindermädel Rosl, wurde entlassen.

Nach ein paar Wochen waren die Kinder mit der Rosl allein, denn der Erste Weltkrieg hatte begonnen und der patriotische Rudolf hatte sich freiwillig zum Kriegsdienst gemeldet.

Über die nächsten paar Jahre sagte meine Mutter: »Das war kein schlechte Zeit für mich. Der Alte war weg, die Rosl kümmerte sich nur um den Rudi, ihren *Bubenk-Lulanko*, ich konnte tun, was ich wollte!«

Die schlechte Zeit fing an, als der Krieg aus war und der Vater heimkam. Der Reichtum war futsch, denn die Großmutter hatte in vermeintlich weiser Voraussicht ihr Vermögen den Enkeln vererbt, die Obervormundschaft hatte das Vermögen verwaltet und damit Kriegsanleihen gezeichnet, die natürlich nach dem verlorenen Krieg keinen Gulden mehr wert waren. Dazu kam noch eine Stiefmutter ins Haus, die keifte, mit Essensentzug bestrafte und drauflosprügelte. Und am Abend beschwerte sie sich beim Ehemann über die Kinder, und dann gab es auch vom Vater Prügel. Für die Michaela noch viel mehr als für den Rudi. Vielleicht, weil er wusste, dass sie nicht seine Tochter war. Meine Mutter erklärte das aber anders. »Der Rudi hat immer gebettelt und geheult und gefleht, dass der Alte aufhören soll«, sagte sie. »Aber ich hab kein Wort gesagt und nicht geweint. Mein Kopf ist hin und her geflogen von den Watschen, und er ist immer wütender geworden und hat gebrüllt: Sie ist so verstockt, keine Träne kommt ihr aus!«

Meine Mutter hat übrigens erst als Erwachsene erfahren, dass der Rudolf Danzinger gar nicht ihr richtiger Vater ist. Das hat sie gefreut. Oft sagte sie stolz: »Ich bin ja nicht dem Deppen sein Kind, ich stamm vom Halterbuben ab!«

Mit 14 Jahren reichte es der Michaela. Die Stiefmutter ging wieder einmal mit dem Pracker auf sie los, sie lief davon und ging 40 Kilometer zu Fuß nach Atzenbrugg, wo es als letzten Rest des Vermögens das Sommerhaus der Familie gab.

Drei Wochen lebte sie dort allein, versorgt von den Nachbarn, dann nahm sie der Lehrer als Kindermädchen bei sich auf und zeigte den Vater an. Es kam zum Prozess, der Vater wurde dazu verurteilt, der Tochter eine Ausbildung zu bezahlen. Die Michaela wäre gern Lehrerin geworden, doch das war dem Vater zu teuer, weil es ein Jahr länger gedauert hätte. Und Kindergärtnerin, fand das Gericht, sei auch ein passender Beruf für eine »höhere Tochter«.

Also kam die Michaela in ein Heim und wurde Kindergärtnerin. Nach der Ausbildung arbeitete sie in einem städtischen Kindergarten und zog in ein winziges Kabinett zur Leni-Tante. Die lebte im selben Haus wie der Leopold und die Juliane Göth mit ihrem Sohn, dem Walter.

Die freien Tage und den Urlaub verbrachte die Michaela in Atzenbrugg beim Lehrer. Mit einem Bauernsohn, dem Johann Draxler, fing sie eine Liebschaft an. Innige Liebe war das nicht, aber sie wollte – völlig irrsinnig in ihrer Lage – unbedingt ein Kind. Sie wollte sogar zehn Kinder! Also heiratete sie den Johann Draxler.

Es scheint gar nicht so selten zu sein, dass ungeliebte Mädchen, kaum erwachsen, schnell eigene Kinder haben wollen, um sich von denen die entbehrte Liebe zu holen.

Die Michaela wurde also schwanger und lebte dann mit ihrem Baby, der Elisabeth, im Kabinett bei der Leni-Tante. Tagsüber wurde das Kind von der Leni-Tante betreut, oft auch von der Juliane Göth. Beide kassierten Geld dafür.

Der Johann Draxler blieb in Atzenbrugg. Nur zu den hohen Feiertagen und im Urlaub kam die Michaela mit der Elisabeth, dem Lieserl, zu ihm raus. Inzwischen hatte sie, von Tür 1 zu Tür 4, ein lockeres Verhältnis mit dem Walter angefangen, der ausgesprochen hübsch und ein paar Jahre jünger war als sie.

Und nachdem die Leni-Tante gestorben war und der Michaela die ganze Zimmer-Küche-Kabinett-Wohnung gehörte, wünschte sie sich vom Walter ein zweites Kind.

Mein Vater (ca. 1935)

Damals konnte nur der »schuldlose Teil« die Scheidung einreichen, und meine Mutter war ja der »schuldige Teil«. Sooft sie nach Atzenbrugg kam, bat sie den Johann, die Scheidung einzureichen, doch der lehnte ab. Mit Gerichten wollte er nichts zu tun haben, und die Ehe hielt er sowieso, gut katholisch wie er war, für unauflöslich. Also blieb es für sie beim »ehebrecherischen Verhältnis«.

Wie das Verhältnis meines Vaters zu ihr in dieser Zeit gewesen ist, kann ich schwer einschätzen. Jedenfalls hatte er eine feste Freundin, die Elli, ein bildschönes Mannequin, die Tochter der Wirtin am nächsten Eck. Bloß sah die Elli ihre Zukunft leider an der Seite eines reichen Ehemanns. Könnte gut sein, dass mein Vater immer nur zu meiner Mutter rüberkam, wenn die Elli unterwegs war, um den passenden Ehepartner zu finden.

Nach dem Krieg, da war sie bereits beim dritten reichen Ehemann, kam die Elli oft zu uns, saß bei meinem Vater im Kabinett, rauchte durch einen langen Zigarettenspitz aus Elfenbein und nannte meinen Vater immer »mein Walterle«. Ich glaube, ich war eifersüchtig auf sie.

Von der Geburt eines Riesenbabys, einer Mutter wie eine Gummiwand und meinem Vater – meinem Ein und Alles

Ich kam am 13. Oktober 1936 auf die Welt. Meine Mutter liebte es, lang und breit und oft über ihre gewaltigen Gebärschmerzen zu erzählen: Welch unglaublich großes Kind ich gewesen sei, und wie lange ich gebraucht hätte, um endlich aus ihr rauszukommen, und wie sie fürchterlich habe schreien müssen, bis die Tortur endlich zu Ende war. Abschließend sagte sie immer: »Und dein Kopf war so groß, dass du mich eingerissen hast, und ich hab mit fünf Stichen genäht werden müssen!«

Es war von ihr wohl nicht so gemeint, aber für mich hörte sich das wie ein Vorwurf an.

Nach meiner Geburt flehte meine Mutter den Johann Draxler weiter um die Scheidung an, vor allem, damit der Walter Göth offiziell als Kindesvater eingetragen werden könnte. Doch der Johann blieb stur, und so galt ich als seine Tochter, und hieß, wie meine Schwester, Draxler.

In den ersten drei Jahren betreute mich mein Vater, der wie damals viele andere auch arbeitslos war. Dass er mich auch in der Nacht betreute, obwohl da meine Mutter daheim war, lag am Aufzuchtszwist der beiden. Mein Vater hielt nämlich nichts von Windeln. Pampers gab es ja noch nicht. Die Stoffwindeln, meinte er, seien für das arme Kind wie ein permanenter Prießnitz-Umschlag, also wie ein feuchtwarmer Fetzen gegen Halsweh. Er legte unter das Leintuch vom Gitterbett ein Gummituch, und ich schlief unten ohne. Das

Gitterbett schob er dicht an sein Bett ran, und war mein Leintuch nass, kroch ich zu ihm rüber und schlief bei ihm weiter.

Für meine Mutter kam diese Art der Betreuung nicht infrage, also musste er auch die »Nachtschicht« übernehmen.

Noch als alte Frau schüttelte meine Mutter den Kopf, wenn sie davon erzählte. Ich kann mich natürlich nicht mehr daran erinnern, aber sooft ich die Geschichte von ihr hörte, wurde mir ganz warm und wohlig im Bauch.

In der Nazi-Zeit kam ein neues Scheidungsrecht, nun konnte auch der »schuldige Teil« die Scheidung einreichen. Meine Mutter tat es sofort, und als ich fünf Jahre alt war, heirateten meine Eltern.

Mein Vater war bereits als Soldat in Russland und bekam drei Tage »Heiratsurlaub«. Mit der Heirat war er einverstanden, weil er überzeugt war, dass er den Krieg nicht überleben werde, und da gebe es dann wenigstens für die Witwe eine Rente.

Ich war bei der Hochzeit nicht dabei. Ich glaube, es war überhaupt niemand dabei. Aber ich erinnere mich genau an das, was meine Mutter anhatte, als sie von daheim weggingen: ein braunes Kleid mit gelben und roten Blümchen, einen braunen Strohhut, rote Stöckelschuhe und unter den Arm geklemmt ein schmales, gelbes, henkelloses Tascherl.

Meine Mutter sagte von sich, sie sei eine Frohnatur. Irgendwie war sie das ja auch. Zum Beispiel summte sie immer vor sich hin. Kam sie heim, hörte ich schon vom Gang draußen das näherkommende Summen meiner Mutter. Summte sie nicht, bedeutete das, dass sie traurig war oder Schmerzen

Mit 2 Jahren in Mayerling (1939)

hatte. Das bedrückte und verunsicherte mich dann, und ich wurde recht lästig und versuchte, sie dazu zu bringen, wieder vergnügt zu sein.

Einmal im Monat hatte meine Mutter Migräne und lag zwei Tage lang stöhnend im Bett. Meine Schwester und ich mussten sie mit kalten Umschlägen versorgen, einen für den Kopf, einen für das Herz. Wenn die Migräne auf dem »Höhepunkt« war, jammerte sie vor sich hin: »Ich sterbe – ich sterbe – ich sterbe.«

Und ich saß beim Tisch und überlegte mir, ob ich dann zu den Großeltern kommen würde oder in ein Kinderheim.

Natürlich liebte ich meine Mutter, aber ich hatte ein Problem mit ihr, das umso größer wurde, je älter ich war: Sie war eine gutmütige Frau, die alles dafür tat, dass es ihren Kindern gut ging, aber sie redete Unsinn. Und sie redete gern und lange, egal, was sie tat, ob sie kochte oder strickte oder bügelte.

Oft malte sie sich etwa aus, wie das wäre, wenn sie noch das viele Geld hätte, das ihr eigentlich zustünde. »Da müsstet ihr Balletttanzen lernen, und Reiten und so Sachen, alles, was zu einer wirklich guten Erziehung gehören täte!«

Ich wollte sie jedes Mal umbringen, wenn sie wieder davon anfing.

Oder wenn ich in der Schule etwas nicht kapierte, dann hieß es: »Geh, erzähl mir nix! Du kapierst alles, hast halt wieder einmal nicht aufpasst!« Oder: »Warst halt faul und hast nicht ordentlich gelernt!«

Aber setzte ich mich hin und lernte, kam sie nach zwei Stunden: »Na, Menscherl, jetzt hast schon genug gelernt!«

Sie kannte eben auch das rechte Maß des Lernens! Kein Wunder, wenn man glaubt, seine Kinder »inwendig und

Mein Vater im Krieg, Russland 1941

auswendig« zu kennen. Und natürlich wusste sie auch, welche verborgenen Talente in mir schlummerten und erweckt werden mussten!

Sie zwang mich, Klavier spielen zu lernen. Einmal die Woche ging ich zur alten Kriegelstein zum Unterricht. Talent zum Klavier spielen hatte ich insofern, als meine Kinderfinger recht lang waren und ich eine Oktave greifen konnte. Aber ich war stockunmusikalisch. Solange die Kriegelstein neben mir hockte und »eins-zwei-drei-eins-zwei-drei« zählte, ging es. Kaum hörte sie damit auf, war mein Geklimper nicht zum Anhören. Doch meine Mutter ignorierte es, und wenn ich gegen die Tortur protestierte, blieb sie stur. Denn irgendwann in der Kindergärtnerinnenbildungsanstalt hatte sie die »Theorie vom verschütteten Gehör« gehört. Und so gab es fast jeden Tag vor dem Üben die gleiche nervige Auseinandersetzung:

Ich: Ich will aber nicht, ich kann das nicht!

Sie: Wenn'st mehr übst, kannst es!

Ich: Nein, ich bin unmusikalisch!

Sie: Du hast nur ein verschüttetes Gehör!

Ich: Was soll ein verschüttetes Gehör sein?

Sie: Ein Gehör, das verschüttet ist!

Ich: So einen Blödsinn kannst nur du reden!

Sie: Na, na, sei nicht frech, üb jetzt!

Ich: Ich will aber nicht, ich kann das nicht!

Und so ging es weiter und weiter im Kreis herum, bis ich vor Wut heulend in die Tasten haute und zu üben anfing.

Mein Vater hätte gern studiert und alle seine Lehrer meinten, er hätte das Talent dazu. Aber das konnte sich der Großvater nicht leisten, und so musste er Uhrmacher werden. Den Beruf hat er nie gemocht. Aus dem Krieg kam er schwer verwundet und herzkrank zurück. Und er lebte auch dann nicht sehr gesund. Er rauchte wie ein Schlot und in seinem Kabinett brannte meistens bis drei Uhr Früh Licht, weil er lieber las als schlief.

Hatte ich Streit mit meiner Mutter, sagte er niemals, dass ich vielleicht doch ein bisschen netter zu ihr sein könnte. Ganz im Gegenteil. Er machte hämische Bemerkungen über sie, nannte sie »die Frau Gut« und gab mir das Gefühl, ich sei im Recht mit meiner Verzweiflung über ihre Dummheit.

Ich erinnere mich, dass ich einmal heulend an seiner Brust lag und schluchzte, wir zwei müssten sofort von dieser schrecklichen Frau wegziehen. Er streichelte mich und sagte bloß, dass das im Moment nicht möglich sei.

Auch viel früher, es muss noch vor dem Krieg gewesen sein und ich war kaum drei Jahre alt, gab es so ein »Er und ich gegen sie«-Erlebnis. Ich war samt Puppenwagerl mit meiner Mutter zum Gemüsehändler gegangen, meine Mutter tratschte im Laden, mir wurde langweilig und ich marschierte mit dem Puppenwagen Richtung Gürtel ab. Eine Frau aus dem Nachbarhaus sah mich am Gürtel unten und brachte mich zu meinem Vater heim.

Ich saß Kakao trinkend auf dem Gaskastel, als meine Mutter zur Tür reinkam, weinend und völlig fertig von der ergebnislosen Suche nach mir. Sogar auf der Polizei war sie schon gewesen. Die Angst meiner Mutter entlud sich in einer Keif-Orgie.

Mein Vater packte mich und setzte mich auf seine Schultern, und da er ein sehr großer Mann war, saß ich ganz oben, neben der Kugelleuchte, und tief unter mir stand die kleine, dickliche, keifende Frau, und ich wusste: Hier bin ich in Sicherheit, komme was da wolle, hier kann mir keiner was antun!

So bestraft, wie das damals üblich war – also mit Ohrfeigen, Hausarrest und Taschengeldentzug –, wurde ich nie. Meine Mutter keppelte, tat ihre Enttäuschung kund und praktizierte Liebesentzug.

»Heute redest mich aber nicht mehr an!«, fauchte sie, und tat man es trotzdem, dann drehte sie sich weg. Ich sehe sie in der Erinnerung auch mit erhobener Hand drohend vor mir, aber die Hand sank dann wieder, und oft dürfte das auch nicht gewesen sein. Und dass unsere Nachbarinnen entsetzt drüber waren, wie »frech« ich mit meiner Mutter redete, weiß ich auch noch. »Lasst sich des gefallen, und will eine g'lernte Kindergärtnerin sein!«

Und meine Großmutter sagte oft: »Bei dem Madel muss man die Goschen extra derschlagen!«

Mit meiner Schwester vertrug ich mich nicht gut. Die Liesl war fünf Jahre alt, als ich auf die Welt kam, ich war für sie so unbrauchbar wie sie für mich. Um miteinander zu spielen, war der Altersunterschied zu groß. Wir stritten auch nie, denn Streiten war bei meiner Mutter verboten. Geschwisterliebe hatte harmonisch zu sein, fand sie. Und da kleine Kinder Konflikte eher mit Händen und Füßen als mit bösen Worten austragen, und meine Mutter körperliche Gewalt schon gar nicht duldete, gingen wir uns einfach aus dem Weg, so gut das eben in einer kleinen Wohnung möglich war.

Vier Jahre waren wir zusammen im selben Gymnasium, doch obwohl das eine kleine Schule war, wussten viele Kinder nicht, dass wir Geschwister waren. Nicht einmal in die Schule marschierten wir zusammen. Zuerst ging meine Schwester aus dem Haus, ich folgte – im Abstand von drei Häusern – im gleichen Tempo.

Nur wenn das Lottl, die Tochter einer Hausmeisterin und früher Kindergartenkind bei meiner Mutter, kam, spielten wir zusammen. Das muss noch im Krieg gewesen sein.

Meistens war dann auch die Elfi, die Freundin meiner Schwester, am Nachmittag bei uns. Meine Mutter hatte darauf bestanden, dass die Liesl und die Elfi das Lottl mitspielen lassen, was die beiden nur ungern getan hatten, denn ihr Lieblingsspiel war »Siegfried und Kriemhilde«. Meine Schwester war immer der Siegfried gewesen, die Elfi die Kriemhilde, und dem Lottl hatten sie nicht einmal eine Nebenrolle zuteilen können, denn das Lottl war Sonderschülerin und hatte keine Ahnung von Siegfried und Kriemhilde.

So hatte mich meine Schwester dem Lottl zugeteilt und bestimmt, dass das Spiel in zwei Partien gespielt wird. Sie mit der Elfi rechts vom Ehebett, ich mit dem Lottl links vom Ehebett.

Das Lottl war stocksauer, weil sie mit mir spielen musste, und ich bemühte mich redlich, ein toller Siegfried zu sein, um sie wieder freundlich zu stimmen. Was man als Siegfried zu tun hat, schaute ich mir von der Liesl-Elfi-Partie ab. Mit dem Reden tat ich mich allerdings schwer, denn ich zog die Wangen ein, um ein schlankes Gesicht zu haben. Und mit eingezogenen Wangen kann man nur nuscheln. Warum ich meinte, zu dick zu sein, weiß ich nicht mehr. Auf Fotos aus der Zeit schaue ich ganz normal aus.

In dem Alter muss ich auch gewesen sein, als ich meine geheimen Rache-Aktionen durchführte. Waren meine Schwester und ich beim Großvater drüben, und kam Kundschaft zu ihm, um sich einen Uhrenbestandteil abzuholen, stellte uns der Großvater jedes Mal so vor: Zuerst mit liebevollem Blick auf meine Schwester »Das ist mein großes,

Mit meiner Schwester Elisabeth in der Puppenküche (ca. 1940/41)

gescheites Enkerl«, und dann mit meiner Meinung nach kühlem Blick auf mich »Und das ist die Kleine«. War das wieder einmal passiert, dann war es wieder soweit!

Meine Schwester schaute oft in einem der Lexikon-Bände des Großvaters nach, um ihre Hausübung perfekt hinzukriegen. Die ledergebundenen Bände waren in einem Glaskasten und durften nur mit gewaschenen Händen angegriffen werden. Von einem Gschrappen wie mir natürlich überhaupt nicht. Auch die Liesl durfte sie nicht zu uns mitnehmen, und wenn sich mein Vater einmal einen Band holte, wurde der Großvater unruhig und kam rüber und holte sich den Band schnell unter einem Vorwand zurück. Die doppelten Farbseiten in den Lexika waren hochglänzend und fühlten sich an wie Abziehbilder. Damit sie nicht aneinander kleben konnten, lag ein glattes Pergamentpapier zwischen ihnen.

Hatte mich mein Großvater wieder einmal auf die »Kleine« ohne beigefügtes lobendes Attribut reduziert, schlich ich zum Glaskasten, holte einen Band heraus, blätterte zu einer färbigen Doppelseite, zog das Pergamentpapier raus und steckte es woanders hin. Ohne Pergament-Einlage klebten die zwei Seiten aneinander, und trennte man sie später – und sei es noch so vorsichtig –, blieben sie weiß gefleckt. Was auf der einen Seite von der Farbschicht fehlte, klebte an der anderen.

Mein Rache-Gedanke war: Merkt es der Großvater, leidet er und glaubt, meine Schwester sei schuld. Wenn er böse auf sie ist, dann leidet sie auch!

Nur: Erstens kam der Großvater selten dahinter, er blätterte ja nicht täglich in den Lexika, zweitens war ich auf ihn, wenn er es einmal merkte, nicht mehr böse, und drittens hielt er zwar meine Schwester für die Täterin, sagte aber höchstens: »Geh Lieserl, a bissel besser aufpassen!«

Von den drei Klein-Brüdern, echtem Schleiflack und einer unheimlich angeräumten Wohnung

Unser Haus in der Geblergasse 48 war ein Eckhaus. Das Haustor war in der Geblergasse, aber in der Bergsteiggasse, wo das Haus nur Fenster hatte, war an der Mauer auch eine Nummerntafel. Nummer 17 stand drauf. Ein Haus mit zwei Adressen, das fand ich lustig. Manchmal, wenn mich andere Kinder fragten, wo ich wohne, sagte ich: »Bergsteiggasse 17!«

Noch lustiger fand ich, dass die Grenze zwischen den Bezirken Hernals und Ottakring in der Mitte der Ottakringer Straße war. Der C-Wagen – die Straßenbahn – fuhr stadtauswärts in Hernals, stadteinwärts in Ottakring. Manchmal, wenn ich von der alten Kriegelstein heimging, tat ich es in der Mitte der Ottakringer Straße, mit dem rechten Fuß in Hernals und dem linken in Ottakring. In den letzten Kriegsjahren gab es so wenig Verkehr, dass das nicht gefährlich war.

Merkwürdigerweise meinten die Hernalser »was Besseres« zu sein als die Ottakringer, und wer jenseits des Donaukanals wohnte, war überhaupt »Unterschicht«. Besuchten wir jemanden im 20. Bezirk, hieß es: »Wir fahren in die entern Grind.« Ich fand die Klosterneuburger Straße viel hässlicher als die Straßen in Hernals. Bei uns gab es nicht so viele graue »Zinskasernen«, da waren auch viele kleine, hübsche Häuser.

Ich glaube, in Meidling, Simmering oder Favoriten war ich in meiner ganzen Kindheit nie.

Unser Haus hatte zwei Stockwerke und zwölf Wohnungen. Unsere Parterre-Wohnung lag auf der Seite der Bergsteiggasse, und weil die steil ansteigt, konnte man gottlob nicht in unser Zimmer reinsehen.

Hinter dem Haus waren ein gepflasterter Hof mit einem Hackstock und einer Klopfstange und dahinter ein kleines Gartl mit drei Beeten und einem kleinen Lusthaus.

Das Haus gehörte den Klein-Brüdern. Die Klein-Brüder besaßen Weingärten, viele Häuser und das »Etablissement Klein«, das heutige Metropol. Dort, über dem »Etablissement«, logierten sie auch, in einer riesigen, düsteren Wohnung mit dunkelroten Samtvorhängen und geschnitzten, altdeutschen Möbeln.

An jedem Ersten des Monats standen die Mieter, im Krieg fast nur Frauen, dort Schlange, um den Zins abzuliefern. Der Adolf, der älteste Klein, auf dem Kopf ein gesticktes Hausherrenkappl, stand hinter einem Stehpult, kassierte und tadelte, wenn ihm irgendeine Beschwerde zu Ohren gekommen war. Im Sommer war neben dem Pult eine Kiste mit Weingartenobst. Brachte eine Frau ein Kind mit, schenkte er dem gnädig einen Pfirsich oder zwei Zwetschken, und das Kind hatte artig zuerst »Bitte« und dann »Danke« zu sagen.

Manchmal, wenn der Tadel üppig ausfiel, standen die Frauen bis zum Haustor und warteten aufs Zahlen.

Ernst nahm den Zirkus niemand, die Zeiten, wo man sich vor Hausherren gefürchtet hatte, waren vorbei, die Wohnungen waren allesamt Mieterschutzwohnungen, da konnte man keinen kündigen.

Die meisten Wohnungen im Haus hatten ein Zimmer, eine Küche und ein Kabinett. Die Klos waren auf dem Gang, Badezimmer gab es nicht. Unser Kabinett war nicht unterkellert, deshalb waren die Wände feucht. Im Winter pflanzte der Schimmel graugrünen Ausschlag an die Wand, im Sommer trockneten die Mauern und der Verputz wurde an vielen Stellen wie Blätterteig. Kratzte man dort herum, kamen die verschiedenen Farben und Muster zum Vorschein, mit denen der Raum im Lauf der Jahrzehnte ausgemalt worden war. Wir benutzten das Kabinett als Rumpelkammer. Erst nach dem Krieg sanierte mein Vater den Raum und machte seine Werkstatt und sein Schlafzimmer draus.

Unsere Küche hatte ein Fenster zum Gartl raus. Dahinter, getrennt durch einen Gitterzaun mit wildem Wein drauf, lag der große Klein-Garten. Dort standen viele Kastanienbäume, auch eine Art Freiluft-Bühne gab es da, und Berge aus alten, kaputten Sesseln und Tischen. Durchs Waschküchenfenster vom Nachbarhaus konnte man in den Klein-Garten einsteigen. Mutige Kinder taten es, ich traute mich nicht.

Mehr als zehn Quadratmeter groß war unsere Küche sicher nicht, und da waren gerade noch unterzubringen: eine breite Kredenz (Rundbau, beige lackiert, mit orangefarbenen Griffen), ein Gasherd, eine Abwasch mit zwei Schaffeln, natürlich ohne fließendes Wasser, ein Gaskastl, in dem der große grüne Gaszähler versteckt war, eine Wäschebank, sowohl für die Dreckwäsche als auch zum Draufsitzen. Solange wir kein fließendes Wasser in der Wohnung hatten, gab es noch ein Waschstockerl mit Lavabo und eine große Emailkanne, mit der wir von der Gangbassena Wasser holten.

Ich glaube, 1943 ergatterte dann meine Mutter im Schleichhandel ein Waschbecken und rang dem Klein-Adolf die Erlaubnis ab, Wasser in die Küche einleiten zu dürfen. Leicht war das nicht. Der Klein-Bruder war zuerst strikt dagegen, das sei Wasserverschwendung. »Da kühlt's ihr dann vielleicht das Bier unter dem rinnenden Wasser ein!«

Doch schließlich waren wir als Erste im ganzen Haus stolze Besitzer einer Waschmuschel mit Zufluss und Abfluss. Warmes Wasser gab es natürlich nicht, an so einen Luxus war gar nicht zu denken.

Unser Zimmer, etwa fünf mal fünf Meter, war unser Essraum, unser Wohnraum und der Schlafraum für meine Mutter, meine Schwester und mich. Bevor die Bombe die meisten unserer Möbel zu Brennholz zerschlug, gab es in diesem Zimmer zwei Kästen, zwei Nachtkasteln und ein Ehebett aus hellgrünem Schleiflack, Jugendstil wahrscheinlich. Auf diese Möbel war meine Mutter besonders stolz, weil sie zu den wenigen Stücken zählten, die sie aus dem Sommerhaus in Atzenbrugg bekommen hatte. »Echter Schleiflack ist das!«, betonte sie immer wieder. Dann gab es mein Stahlrohr-Kinderbett, ein Sofa für meine Schwester, einen Tisch mit vier Sesseln, eine Speiszimmerkredenz voller Intarsien mit Marmorplatte, eine Laden-Kommode, ein Pianino, einen Ofen samt Ofenschirm und jede Menge Spielzeug, ein Dreirad, eine Puppenstube, einen Tretroller, sogar einen großen Kaufmannsladen zum Aufklappen gab es. Aus dem konnte man auch ein Kasperltheater machen.

Nach dem Krieg wurde das Pianino durch einen Stutzflügel ersetzt, den wir leihweise vom Magistrat bekommen hatten. Ehebett gab es auch keines mehr. Mein Vater übersiedelte ins Kabinett, meine Mutter bekam ein Klappbett, meine Schwester und ich hatten sogenannte Lotterbetten, die untertags zu Sitzbänken wurden.

Von angeblicher Wildheit und tatsächlichem Ungeschick und Kinderspielen, die recht einsam sein konnten

Ich habe einmal geschrieben, dass ich ein wildes, wütendes Kind gewesen bin. Aber das ist nicht ganz richtig. Wahr ist, dass meine Mutter immer behauptete, ich sei ein wildes, wütendes Kind gewesen. Ich war schon viel »frecher« als andere in meinem Alter und protestierte heftig, wenn mir etwas nicht gefiel, und das hatte einen einfachen Grund: Wir waren die einzigen Kinder weit und breit, die daheim keine Watschen und keine Strafen bekamen. Da kann man leicht wütend und wild werden.

Ganz sicher aber war ich ein patschertes Kind. Über Zäune klettern, einen Spagat machen, mich an der Klopfstange hochziehen, über den Hackstock springen, einen Handstand machen, das alles schaffte ich nicht. Ich war schon froh, wenn mir ein ordentlicher Purzelbaum gelang.

Im Kindergarten durfte ich in der Gruppe meiner Mutter sein und war daher ziemlich privilegiert. Ich besuchte die Frau Fenzel in der Kanzlei und half der Wärterin, der Frau Gips, beim Putzen und beim Windelnwechseln in der Krippe und begleitete sie zum Klo, wo sie die Buben beim Pipimachen überwachte.

Meine Mutter hätte es gern gesehen, wenn ich die nettesten, bravsten Kinder als Freunde gehabt hätte. Den Gefallen tat ich ihr nicht.

»Immer hast du dich nur mit den Fürsorgefällen abgegeben«, hielt sie mir später oft vor. Die »Fürsorgefälle« waren die Kinder, die von Amts wegen in den Kindergarten gehen mussten, damit sie wenigstens untertags von ihren Familien getrennt waren. Dabei suchte ich mir meine Freunde bloß nach ihrem Äußeren aus. Und zufällig waren halt die zwei schönsten Buben in der Gruppe Fürsorgefälle.

War ich nicht im Kindergarten, saß ich oft allein im Hof hinter dem Haus und spielte mit den Ameisen. Ich verfolgte ihre Pfade, legte ihnen Steine in den Weg, kickte sie mit einem Bleistift weg oder machte ihnen sonst das Leben schwer.

Gern spaltete ich auch Bleistifte. Wir hatten viel mehr Buntstifte als andere Kinder, weil meine Mutter mit dem Herrn Pechtloff, dem Besitzer vom Papiergeschäft, gut bekannt war. Der verkaufte ihr »Vorkriegsware« aus seinem geheimen Warenbestand. Aber so viele Buntstifte, dass man mit ihnen – wie meine Mutter das nannte – »urassen« dürfe, hatten wir natürlich nicht. Trotzdem konnte ich von der Spalterei nicht lassen. Ich war von der fixen Idee besessen, dass es mir gelingen müsste, eine rote Mine – eine andere Farbe hätte es auch getan, aber Rot war meine Lieblingsfarbe – im Ganzen aus einem Stift rauszukriegen. Ich stellte den Buntstift mit der Spitze nach oben und versuchte, ihn mit dem Taschenmesser bis zum unteren Ende in zwei Teile zu spalten, was mir manchmal, wenn die Hälften nicht gut verleimt waren, auch gelang. Doch beim Versuch, die Mine aus ihrer Holzhüllenhälfte zu lösen, zerbrach diese. Erwischte mich meine Mutter beim Spalten, schimpfte sie: »Dir bring ich ganz sicher keine Buntstifte mehr heim!«

Es blieb bei der Drohung. Sie versorgte mich weiter mit Spaltmaterial.

Mit Schnipseln von Bändern spielte ich auch gern. Die bekam ich von den Nonnen, die im Haus gegenüber wohnten. Angeblich wurden sie dort einquartiert, weil die Nazis ihr Kloster zugesperrt hatten. Sie machten Näharbeiten, bei denen man viele Bänder und Borten brauchte. Saß ich vor unserem Haustor auf dem Türstaffel, kam hin und wieder eine Nonne zu mir rüber und schenkte mir ein paar Resterln. Ich sammelte sie in einem Schuhkarton, sortierte und zählte sie oft. Besonders stolz war ich auf die Bortenstücke, in die ein Goldfaden gewebt war. Die hielt ich für wertvoll.

Manchmal saß ich auch im Hof und zerschnitt einen Regenwurm in kleine Stücke, was meine Mutter natürlich entsetzte. Ich sehe sie noch von oben runterschimpfen, dass so ein Regenwurm doch auch ein Lebewesen sei, und ich mich schämen solle.

Aber den Regenwurm zu zerstückeln war für mich ein Triumph! Ich fürchtete mich vor fast allen Insekten, vor Spinnen, Käfern, Ohrwürmern, Tausendfüßlern, Wespen und Bienen. Sogar die großen grünblau schillernden Fleischfliegen machten mir Angst. Vor Regenwürmern fürchtete ich mich nicht, die konnten weder krabbeln noch fliegen, die sahen auch nicht bedrohlich aus, und deshalb musste hin und wieder einer sterben.

Von Kipferlenden für den Vater, roten Flecken am Mutterhals und einer Watschen für den Rudi-Onkel

Mein Vater musste schon 1939 Soldat werden. Zuerst kam er nach Polen, dann war er in Russland.

Wahrscheinlich war der Abschied sehr schmerzlich für mich, erinnern kann ich mich daran nicht. Ich weiß aber noch, wie er nach dem kurzen Heiratsurlaub, bevor er wegging, bei der Wohnungstür stand, in Uniform, mit Stahlhelm und Gewehr. Wenn ich so nachdenke über traurige Bilder, die ich im Lauf der Zeit angesammelt habe, ist das sicher das traurigste.

War lange kein Feldpostbrief gekommen, saß meine Mutter oft weinend in der Küche, und der Großvater tröstete sie.

Die Großmutter brauchte keinen Trost. Einmal durften die Soldaten zum Muttertag für ihre Ehefrauen und Mütter Blumen bestellen. Die Hortensie, die meine Großmutter bekam, war verlaust, die meiner Mutter war lausfrei. Die Großmutter hielt das, irre wie sie war, für böse Absicht. Sie raste tobend in den Hof, warf das Blumenstöckl in den Kolonia-Kübel und kreischte: »Für den Hund wird a no a russische Kugel parat sein!«

Nach diesem hysterischen Anfall gingen ihr alle Leute im Haus aus dem Weg. Niemand wollte mit ihr noch etwas zu tun haben.

Ich sammelte Kipferlenden. Kipferln mochte ich, bloß die Zipfel an den Enden waren mir zu hart. Als mein Vater noch daheim gewesen war, hatte ich sie immer ihm gegeben, weil er gesagt hatte, dass er sie besonders gern hätte. Drum sammelte ich, seit er weg war, meine Kipferlenden, und meine Mutter versprach, sie mit der Feldpost nach Russland zu schicken; was sie natürlich nie tat.

Mein Vater und mein Großvater waren Sozialisten, mein Vater war sogar den Roten zu links gewesen und aus der Partei geflogen. Auch meine Mutter und meine Großmutter waren Sozialistinnen, und klarerweise gegen die Nazis. Und das war in der Gegend kein Geheimnis. Vor allem die Großmutter schimpfte oft laut auf den Hitler, den Goebbels, den Göring und »die ganze Nazi-Bagage«. Wenn sie die wilde Wut überkam, konnte sie sich eben nie zurückhalten. Ein paarmal hörte ich Nachbarn warnend zu ihr sagen: »Frau Göth, reden S' Ihnen nicht um Ihr Leben!«

Im Haus gab es nur eine richtige Nazi-Familie, die Donners im ersten Stock. Der Herr Donner war für den Krieg schon zu alt, er musste nicht einrücken. Die Frau Donner hob immer die Hand zum Hitler-Gruß, und ihr »Heil Hitler« klang wie »Heitler!«

Zwei Tage vor Kriegsende wollten sie und ihre drei erwachsenen Kinder Selbstmord begehen. Mit Gift. Die erste Dosis gaben sie ihrem Schäferhund, und der ging so gottselendiglich zugrunde, dass sie sich für das Weiterleben entschieden.

Später bedauerten sie sich, weil sie gleich nach dem Krieg als Nazis mit niedrigen Parteinummern drei Monate zum Ernteeinsatz verpflichtet wurden. Und meine Mutter sagte hämisch: »Erbsenbrocken haben's müssen, das war alles!«

Und im zweiten Stock, die Finks, waren sogenannte »Märzveigerln«, also Leute, die hurtig nach dem Einmarsch Hitlers Partei-Anwärter wurden. Sie gaben ihre Gefolgschaft aber schnell wieder auf.

Unsere Nachbarin, die Frau Simon, angeblich früher eine Kommunistin, nahm sich nicht einmal vor dem Blockwart in Acht. Wenn er am Abend seinen Kontrollgang machte und an ihr Fenster klopfte, weil die Verdunkelungsrollo nicht ganz runtergezogen war, konnte es sein, dass sie »Rutsch mir den Buckel runter, depperter Nazi!« zum Fenster raus rief.

Ohne dass es mir wer eingedrillt hätte, wusste ich genau, was ich woanders sagen durfte und was nicht. Nie hätte ich zum Beispiel bei Nazis erzählt, dass mein Großvater am Abend im Kabinett unter einer Decke saß und Feindsender hörte.

Meine Mutter wollte den Kindern im Kindergarten keine Nazi-Lieder beibringen. Einen Liedtext weiß ich noch, der Refrain ging: »Heute sind wir klein, morgen werden wir größer sein, weihen dann Herz und Hand, treu dem deutschen Vaterland!«

Sie sagte stur: »Das können sich die Kinder in dem Alter gar nicht merken!« und handelte sich damit große Schwierigkeiten ein. Schließlich meldete sie sich wegen Migräne krank und musste zum Amtsarzt. Der schrieb sie gesund. Sie ließ sich am nächsten Tag vom Doktor Kübler wieder krankschreiben und musste wieder zum Amtsarzt, der sie wieder gesundschrieb. Sie ging wieder zum Doktor Kübler und ließ sich krankschreiben. Das machte sie so lange, bis sie ein Disziplinarverfahren und die Gestapo am Hals hatte, denn ihr Verhalten kam angeblich einer Kriegsdienstverweigerung gleich. Und der Doktor Kübler bekam auch Probleme, meinte aber zu meiner Mutter grinsend: »Ella, die können mich!«

Sie wurde ein paarmal zur Gestapo zum Verhör vorgeladen. Wenn sie danach heimkam, war ihr Hals voll großer, roter Flecken. Die bekam sie immer, wenn sie sehr aufgeregt war.

Doch sie stand die Sache durch und wurde krankheitshalber in Frühpension geschickt. Mit sechsunddreißig Jahren.

Einer der wenigen Juden, die vor dem Krieg bei uns in der Gegend gelebt hatten, war der Herr Fischl gewesen. Oft redete meine Mutter von ihm. Weil sie ein paar Tage nach dem Einmarsch der Deutschen auf dem Heimweg vom Kindergarten gesehen hatte, wie eine Horde SA-Männer den Herrn Fischl zuerst zwang, mit einem Zahnbürstl irgendeine Anti-Nazi-Parole vom Gehsteig zu putzen, und ihn dann auf einem Laster abtransportierte. Und immer sagte sie zum Schluss: »Wenn ich euch Kinder nicht gehabt hätte, wäre ich dreingefahren und hätt den Fischl rausgeholt!«

Klein wie ich war, glaubte ich, dass ihr das gelungen wäre, und hatte irgendwie das Gefühl, schuld dran zu sein, dass der Fischl ins KZ gekommen war.

Wir hatten auch einen Nazi in der Familie. Der Bruder meiner Mutter, der Rudi-Onkel, war bei der SS und verbrachte den Krieg zuerst in Frankreich und Böhmen, später dann im Führerhauptquartier. Was dort seine Aufgabe war, ist mir bis heute nicht klar.

Meine Mutter liebte ihren Bruder sehr. Sie beschimpfte ihn zwar, wenn er wieder einmal »deppert daherredete« und seine Nazi-Sprüche ausposaunte, aber war er dann weg, verteidigte sie ihn vor uns. Sie hatte da so ihre Theorie. Der Rudi, sagte sie, sei ein sehr ängstliches Kind gewesen. Dauernd sei er verdroschen worden. Nicht nur vom Vater und der Stiefmutter, auch von vielen Kindern, völlig hilflos sei er der Macht ausgeliefert gewesen. Um ihn vor den anderen Kindern zu beschützen, habe sie immer vor dem Schultor auf ihn gewartet, und weil sie drei Jahre älter gewesen war, hatten die anderen Kinder vor ihr Respekt gehabt. Und da wolle er halt endlich selbst zu den Mächtigen gehören, zu den »Herrenmenschen«, vor denen sich die anderen fürchten.

Hielten wir ihr vor, dass sie selbst genauso verdroschen worden war und nicht so geworden sei, sagte sie: »Ich war schon viel älter, wie es losgegangen ist, und ich hab vorher ein schönes Leben gehabt und gewusst, wie es ist, wenn man geliebt wird. Drum bin ich ja auch davongerannt. Das hätt er sich nie getraut.«

Einmal, mitten im Krieg, als er – in SS-Uniform – zu uns auf Besuch kam, sagte er zu meiner Mutter: »Ella, die Juden gehen alle durch den Rauchfang!«

Da sprang meine Mutter auf und haute ihm eine runter.

Ich stellte mir vor, wie das aussieht, wenn Menschen durch den Rauchfang gehen. Später sah ich genau das, was ich mir vorgestellt hatte, auf einem Bild von Chagall. Ein kleines Haus, über dem ein Engel schwebt.

Als der Krieg aus war, richtete es sich der Rudi-Onkel wie viele andere. Zuerst war er in einem Lager in Wolfsberg interniert, danach wurde er ins Landesgericht überstellt und wartete auf seinen Prozess. Eines Tages standen bei uns zwei Männer vor der Tür und fragten nach ihm. Zwei Juden, denen er irgendwie geholfen hatte. Sie wollten sich bei ihm bedanken. Sie gingen zu Gericht und sagten für den Rudi-Onkel aus. Der Untersuchungsrichter, auch ein »Ehemaliger«, nahm es zufrieden zur Kenntnis und stellte das Verfahren ein.

Der Rudi-Onkel wurde Nachtwächter bei der Wach- und Schließgesellschaft. Das blieb er aber bloß drei Wochen.

Dann stieg er hurtig bis zum Unterdirektor – oder so ähnlich – auf. Schließlich hätte er wieder zur Polizei zurücksollen. Da täuschte er einen chronischen Hexenschuss vor, und da der Polizeiarzt ein alter »Weggefährte« war, konnte er in Pension gehen, und zwar mit allen Gehaltsvorrückungen, die er seit 1939 gehabt hätte. Leitender Angestellter bei der Wach- und Schließgesellschaft blieb er.

Nazi blieb er auch. Und Sozi-Hasser. Kam er zu uns, war sein Gruß: »Die roten Hund in den Kanal!«

Gern sagte er auch: »Gebt's mir die Arbeiter-Zeitung, ich muss aufs Klo!«

Nazi sein war für ihn: Treue. In seiner Wohnung hatte er einen Sekretär, kaukasisch Nuss, Rundbau. Der hatte, so ziemlich in der Mitte, ein Türl zum Runterklappen. Dahinter war die »Hausbar« mit verspiegelten Wänden und Halterungen für Cognacschwenker und Sektgläser.

Noch als alter Mann – da saß er schon im Rollstuhl – rollte er jeden Abend zum Sekretär, klappte das Türl runter, schenkte sich ein Glas Cognac ein, hob es und sagte: »Prost Adolf!«

Den Spiegel an der Hinterseite der Hausbar hatte er nämlich durch ein großes Hitlerbild ersetzt.

Von ersten Schwimmversuchen, noch einer Watschen für den Rudi-Onkel und einer Zukunft mit Schinkensemmeln und Bensdorp-Schokolade

Junge Männer gab es im Krieg in unserer Gegend kaum – höchstens ein paar Soldaten auf Urlaub und die Torwache am Parhamerplatz vor dem Parteihaus.

Nur die Großväter waren daheim. Meinen Großvater nannten wir »Großl«, und ich liebte ihn sehr. Auch, weil er meinem Vater so ähnlich war, genauso groß, die gleiche dunkle Hautfarbe und die gleichen Hände mit den langen, dünnen Fingern und den dicken Adern auf dem Handrücken.

Jeden Abend brachte er mich und meine Schwester ins Bett und wir verlangten: »Großl, erzähl, wie du klein warst!«

Mit dem »Großl« 1943

Und er schwindelte uns tolle Geschichten vor. Von einem mutigen kleinen Großvater, der beim Raufen gegen fünf starke Buben gesiegt hatte und sich vom Herrn Lehrer Wibiral nichts gefallen ließ.

Gern spielten wir auch Kohlenträger mit ihm. Er trug, wir waren die Kohlensäcke. Er wanderte mit einer von uns auf dem Rücken um den Tisch herum und keuchte: »Erster Stock, zweiter Stock«, und wir kommandierten: »Bis zum fünften Stock!«

Das ging so lange, bis meine Mutter »Schluss jetzt!« rief. »Den Großl trifft doch gleich der Schlag!«

Als Kind war mir das Wort »Frieden« fremd. Fragte ich meine Mutter, was Frieden heißt, sagte sie: »Wenn's wieder Schinkensemmeln und Bensdorp-Schokolade gibt!«

Wie Bensdorp-Schokolade aussieht, wusste ich. Unser Greißler hatte an der Mauer vor seinem Geschäft eine große, blecherne Werbetafel, auf der war ein Mädchen mit Holländerhaube, das eine Tafel Bensdorp in der Hand hielt, auf der ein Mädchen mit Holländerhaube war, das eine Tafel Bensdorp in der Hand hielt, auf der natürlich wieder das Mädchen mit der Holländerhaube und der Schokolade war. Dreimal sah man das Bild im Bild, dann ließ es sich nur noch erahnen. Dieser Blick in die Unendlichkeit faszinierte mich. Wie Schinken aussah und schmeckte, wusste ich nicht. Aber dass er rosa sei, hatte mir meine Mutter gesagt.

Im Sommer, wenn schönes Wetter war, fuhren wir ins Polizeibad. Wir hatten vom Rudi-Onkel eine Familien-Saisonkarte. Damit wir im C-Wagen, der nach Kaisermühlen fuhr, einen Sitzplatz bekamen, pilgerten wir in der Früh zum Nepomuk-Berger-Platz rauf zur Endstation. Die

Straßenbahnen waren damals so voll, dass sogar Leute auf den Trittbrettern standen.

Als hoher SSler hatte der Rudi-Onkel oft Urlaub. Das gönnten sich die höheren Ränge der »Herrenmenschen«.

Einmal war er auch im Polizeibad und ging mit meiner Schwester und mir auf den Steg vom Polizeisportverein. Er wollte mir das Schwimmen beibringen, packte mich, warf mich vom Steg ins tiefe Wasser und hielt mir eine lange Holzstange vor die Nase. Ich brüllte, schluckte Wasser und schlug panisch um mich. Meine Schwester sprang hinter mir her, um mir zu helfen, ich klammerte mich so fest an sie, dass sie mit mir unterging. Sie wurde auch panisch, befreite sich von mir, schwamm ans Ufer und lief zu unserer Mutter.

Wer mich aus dem Wasser rausholte und wie das geschah, weiß ich nicht mehr. Ich weiß nur noch, dass ich heulend auf dem Steg saß, meine Mutter über den Steg kam und ihrem Bruder eine saftige Watschen gab.

Diese Watschen nahm er ihr übel. Weil die Badehosenträger auf dem Steg, die zuschauten, alle seine »Untergebenen« waren. Dass eine kleine, rundliche Frau den Vorgesetzten ungestraft watschen durfte, untergrub, so fand er, seine Autorität.

Wie er reagierte? Er warf seine eigene dreijährige Tochter ins Wasser!

Im Kino war ich vor Kriegsende bloß einmal. Bei »Kohlhiasls Töchter«. Ich fand den Film noch viel lustiger, als er wirklich war. Weil ich mir eine Karte in der ersten Reihe gekauft und einen Sitzplatz am Ende der Reihe ganz außen bekommen hatte. Und von dort aus gesehen, hatten die Schauspieler allesamt sehr dünne, lange Köpfe, doppelt so lang wie normal.

Ich kann mich aber an sehr viele Filme erinnern, die ich nie gesehen habe. Meine Großmutter kaufte sich wegen ihrer Schwerhörigkeit vor jedem Kinobesuch ein Programmheft und studierte es genau, um dann im Kino die Handlung verfolgen zu können. Die Heftln hatten acht Seiten mit vielen Bildern und faszinierten mich. Anscheinend so sehr, dass ich schwören könnte, zum Beispiel »Kora Terry« mit Marika Rökk gesehen zu haben. Da geht es um Zwillinge, die im Varieté auftreten, eine ist gut und blond, die andere ist böse und schwarzhaarig und eine gemeine Spionin gegen Deutschland. Übrig bleibt natürlich die gute blonde Deutsche.

Der Film lief, als ich vier Jahre alt war, aber hätte ich nicht nachgeschaut, wann es ihn in den Kinos gespielt hat, würde ich schwören, ihn gesehen zu haben.

Von der Schule in der Nazizeit, der dicken Lehrerin Antonia Stolle und den Praktiken des Herrn Oberphysikatsrats

Ich kam 1942, knapp vor meinem sechsten Geburtstag, in die Schule. Wir grüßten mit »Heil Hitler« und sagten jeden Morgen einen Spruch des Tages auf. Das waren so Dummheiten wie: »Wir wollen werden zäh wie Leder, hart wie Krupp-Stahl und flink wie die Windhunde.« Ich glaube, der Schulwart brachte den Lehrerinnen jeden Morgen den Spruch des Tages auf einem Zettel. Woher der Zettel kam, weiß ich nicht.

Unsere Lehrerin, die Antonia Stolle, war eine dicke, alte Frau, sehr katholisch und wirklich keine »Nazisse«. Aber Hitlers Geburtstag mit uns feiern, das musste sie schon. Sie tat es so kurz wie möglich. Einmal bekam sie Schwierigkeiten mit dem Direktor, weil sie uns das Fiakerlied beibrachte. Sie wusste nicht, dass den Text ein Jude geschrieben hatte.

In die erste Klasse konnte ich nur drei Monate lang gehen, dann bekam ich eine Lungenentzündung als Folge eines Keuchhustens und danach etwas, was der Doktor Kübler »Herzinnenhautentzündung« nannte.

War ich krank, drehte meine Mutter komplett durch, saß heulend an meinem Bett und jammerte den herbeigeeilten Doktor Kübler an: »Herr Doktor, Herr Doktor, des Madl wird mir doch net sterben?«

Der Oberphysikatsrat Doktor Kübler war ein alter Herr. So alt, dass er nicht mehr zum Militär musste. Da Ärzte im Krieg rar waren, gab es in seiner Ordination weit mehr

Wartende als Sitzplätze im Wartezimmer. Die Leute standen manchmal bis auf den Gang raus und die Stiege runter bis zum Haustor. Die Praxis war bescheiden eingerichtet. Nicht einmal fließendes Wasser gab es. Zum Händewaschen war ein gläserner Wasserbehälter an der Wand angebracht, der hatte auf der Unterseite einen kleinen Wasserhahn. Drehte man den auf, floss ein dünner Wasserstrahl in eine kleine Waschmuschel, und von der rann das gebrauchte Wasser in einen drunter stehenden Kübel.

Alle zehn Minuten ging die Ordinationstür auf und der Doktor Kübler schrie ins Wartezimmer raus: »Zehn Männer!«

Dann wieselten zehn alte Männer zu ihm rein, und wenn er mit denen fertig war, ging die Tür wieder auf und er schrie: »Zehn Weiber!«

Hatte er die erledigt, waren wieder die Männer an der Reihe.

Mit dem Wechsel beeilte er sich so sehr, dass man oft eine Frau kreischen hörte: »Aber Herr Doktor, ich bin ja no gar net angezogen!«

Er war eben ein rauer Bursche. Einmal sagte er zu meiner Großmutter, die ihn seiner Meinung nach unnötig belästigte: »Geh und stell dich an die Sonn, scheint dich eh nimmer lang an!«

Aber wenn ich Fieber hatte, kam er immer brav mit seiner großen Tasche zu uns nach Hause. Auch mitten in der Nacht konnte meine Mutter zu ihm runterlaufen und ihn aus dem Bett läuten. Ob er überhaupt ein Telefon hatte, weiß ich nicht. Wir hatten jedenfalls keines.

Zum Religionsunterricht wurden die katholischen Kinder – die Nazikinder waren ja nicht mehr katholisch – aus der Klasse abgeholt und in die Geblerschule geführt, wo ein Kaplan die »Katholischen« aus ein paar Klassen im Turnsaal zu unterrichten hatte.

Wir gingen in Zweierreihen die Kalvarienberggasse rauf und dann die Geblergasse dem Gürtel zu. Der Weg führte an unserem Haus vorbei. Waren wir bei unserem Haustor angelangt, huschte ich ins Haus rein. Anscheinend bin ich dem Kaplan nie abgegangen. Vielleicht war er auch froh, einen Gschrappen weniger zu haben.

Aber zur Erstkommunion wollte ich schon gehen. Wegen dem weißen Kleid.

Bevor man zur Erstkommunion antreten darf, muss man aber beichten. Auch das wurde gemeinsam erledigt. Die Kinder aus meiner Klasse und aus anderen Volksschulen standen in der Kalvarienbergkirche vor den vier Beichtstühlen Schlange. Ich sah, dass jedes Kind, das aus einem Beichtstuhl kam, ein Heiligenbild in der Hand hielt.

Als ich an der Reihe war, ratschte ich die Sünden, die ich mir auf den Beichtzettel geschrieben hatte, runter, bekam ein »Gegrüßet seist du …« als Buße auf und wurde – ohne Bild – entlassen. Wahrscheinlich hatte der Kaplan keine mehr.

Ich wollte aber unbedingt so ein Bild. Drum stellte ich mich noch einmal an, beim zweiten Beichtstuhl. Merkwürdigerweise glaubte ich, die gleichen Sünden nicht noch einmal gestehen zu dürfen. Aber mir fielen noch andere Sünden ein und der Beichtvater entließ mich mit Heiligenbild.

Nun wurde ich gierig und ging zum dritten Beichtstuhl, erfand neue Sünden und bekam wieder ein Heiligenbild. Dann nahm ich mir den letzten Beichtstuhl vor, bloß hatte ich alle Sünden, die ich kannte, schon verbraucht. Nur die Unkeuschheit war noch übrig. Also sagte ich dem frommen Mann hinter dem Gitterfenster: »Bitte, ich habe Unkeuschheit getrieben.«

»In Worten oder in Taten?«, fragte er.

Ich wusste nicht, was unkeusche Worte und unkeusche Taten sind, wollte aber keinen Fehler machen und hielt es für schlau zu sagen: »In beidem!«

Der fromme Mann öffnete sein Gittertürl, schaute mich forschend an und sprach: »Geh mit Gott, mein Kind!«

Buße gab er mir keine auf, Heiligenbild bekam ich auch keines.

Viele Jahre später habe ich die Geschichte meiner Mutter erzählt, und sie sagte: »Das ist ja gar nichts gegen mich. Ich war wegen einer Wette sieben Mal hintereinander bei der Kommunion!«

Von kargen Lebensmittelmarken, einem guten Herzerl und Weihnachten wie bei den Fürsten

Im Krieg trugen die meisten Kinder im Winter dunkelblaue Trainingshosen, die hatten oben am Bund und unten an den Beinen einen Gummizug. Die Hosen waren außen glatt, matt oder glänzend, und innen flauschig. Sie waren aus dem gleichen Material wie die grauslichen schweinsrosa Unterhosen, die wir »Pelzhosen« nannten. Solch ein schreckliches Ding anzuziehen, weigerte ich mich.

Die Trainingshose mochte ich auch nicht, weil sie nach ein paar Mal Tragen an den Knien ausgebeult war, und das sah hässlich aus. Viele Mädchen trugen über der Trainingshose noch einen Rock. Damit sie »wie ein richtiges Mäderl« aussahen.

Die Kleider nähte mir meine Mutter. Und da man im Krieg Stoff nur »auf Bezugsschein« kaufen konnte und meine Schwester und ich zu schnell aus unseren Kleidern »drauswuchsen«, also unsere Bezugsscheine zu schnell verbraucht waren, nahm meine Mutter einmal ein altes Leintuch, färbte es mit Stofffarbe rot und nähte draus für mich ein Kleid. Das Kleid gefiel mir, stolz ging ich damit in die Schule. Doch auf dem Heimweg von der Schule fing es stark zu regnen an, das Kleid wurde waschelnass, und vom Saum tropfte Himbeersaft! Und meine Haut, soweit sie vom roten Kleid bedeckt gewesen war, schaute zwei Wochen lang nach argem Sonnenbrand aus.

Angeblich waren aber die Kleider von meiner Schwester und mir schöner als die Kleider anderer Kinder in unserer Gegend. Stolz erzählte meine Mutter später oft, dass eine

Frau, die ihren Namen nicht kannte, von ihr sagte: »Die Frau mit den zwei schön angezogenen Mädeln!«

Zu essen hatten wir genug, aber Erdäpfelschmarrn mit Gemüse »und sonst nix« gab es schon mehrmals die Woche. Fleisch hatten wir fast nie. Schnitzel gab es nur gegen aufgesparte Fleischmarken zu Weihnachten. Statt Fleisch kaufte meine Mutter Extrawurst. Weil in der viel Mehl drin war, bekam man statt der 25 Deka Fleisch, die uns drei pro Woche zugestanden wären, 50 Deka Wurst. Die Extrawurst schnitt meine Mutter in Radln und panierte sie.

Einmal bekam meine Mutter eine Nachzahlung von der Stadt Wien, weil ihr Gehalt jahrelang falsch berechnet worden war. Da konnte sie »im Schleich« kaufen. Für den Gegenwert von sechs Monatsgehältern gab ihr unser Greißler zwei Kilo Zucker und zwei Kilo Reis.

Im Sommer pilgerten wir jeden Sonntag zu einer Wahl-Tante nach Gerasdorf. Zwei Stunden – zuerst mit der Straßenbahn, dann mit dem Autobus und schließlich zu Fuß querfeldein – brauchten wir, bis wir dort waren. Aber wir waren froh, wenn wir auf der Heimfahrt ein paar Kilo Marillen oder Zwetschken im Rucksack hatten. Wohl fühlte ich mich bei der Wahl-Tante aber nicht. Sie hatte eine Tochter in meinem Alter, und wenn ich mit der etwas nicht spielen wollte, sagte sie: »Du musst aber, weil ich hier die Anschafferin bin!«

Die Schusterbubentorte – viel Gelatine-Saccharin-Schaum auf einer Oblate und drüber eine hauchdünne Schokolade-Glasur – gab es beim Zuckerbäcker ohne Marken. Wir kauften uns gleich vier, fünf Tortenstücke auf einmal, hoben vorsichtig mit einem Messer die Glasur runter und warfen den Rest weg.

Meine erste richtige Schokolade bekam ich vom Rudi-Onkel, der sie aus Frankreich mitbrachte. Es waren Katzenzungen. Sie dürften zu lange irgendwo in der Hitze gelegen haben, denn sie hatten einen grauweißlichen Belag. Ich glaubte lange Zeit, Schokolade habe genauso auszusehen.

Ich hatte viel Spielzeug, weil meine Mutter durch ihren Beruf gute Beziehungen zu einem Spielwarenhändler hatte. Obendrein hatte sie einen ziemlichen Fimmel, was Weihnachten betraf. Einmal im Jahr wenigstens wollte sie uns den Luxus und Überfluss bieten, den sie als kleines Kind gehabt hatte.

Oft schwärmte sie uns vor: »Wie ich noch bei meiner Großmutter war, das hättet ihr sehen müssen! Der Christbaum war fünf Meter hoch und der ganze Salon war voller Geschenke für mich!«

Mit dem Sammeln von Geschenken fing sie im Jänner an. Wir hatten einen versperrten Schrank, der für Weihnachtsgeschenke reserviert war. Die Pakete drin wurden von Monat zu Monat mehr.

Natürlich steckte sie uns mit ihrem Weihnachtsfimmel an. Meine Schwester und ich waren schon Wochen vor Weihnachten aufgeregt, und die Aufregung stieg mit jedem Tag. Und die Versuchung, in den Kasten reinzuschauen, auch! Ein paar Mal taten wir es, sahen aber nur braunes Packpapier. Tragetaschen mit Werbung oder Einwickelpapier mit Firmenlogos gab es damals ja noch nicht. Ein einziges Mal riss meine Schwester ein Fuzerl Packpapier von einem braunen Paket. Drunter schimmerte es blau. Richtig erschrocken war meine brave Schwester über ihr »Vergehen«, sie warf blitzschnell die Kastentür zu und zog den Schlüssel ab.

Bereits mit vier Jahren glaubte ich nicht mehr an das Christkind. Meine Schwester hatte mich aufgeklärt. Als uns die Antonia Stolle in der ersten Klasse vom Christkinderl erzählte, meldete ich mich zu Wort: »Es gibt kein Christkind! Die Geschenke kaufen die Eltern!«

Alle Kinder schauten mich an, als wäre ich übergeschnappt. Und die Antonia Stolle sah mich voll Mitleid an und sprach: »Tja, Christerl, dann wird dir das Christkind wohl auch nichts bringen!«

Das verunsicherte mich doch einigermaßen.

Unser üppiges Weihnachtsfest war in der Gegend bekannt. »Die Kinder von der Göth werden beschenkt wie die Fürstenkinder!«, sagten die Leute, und meine Mutter war stolz darauf. Aber kurz nach Weihnachten fing sie an, meine Geschenke gegen Lebensmittel einzutauschen. Da fand sie dann, dass zehn Eier wichtiger als eine Puppe seien. Meine Schwester durfte ihre Geschenke immer behalten, denn sie protestierte laut, wenn sie etwas rausrücken sollte. Ich tat, als ob mir das Hergeben gar nichts ausmachte.

»Das Kind hat ja so ein gutes Herzerl«, sagte meine Großmutter oft. »Alles lasst sie sich wegnehmen, alles schenkt sie her!«

Das beeindruckte mich. Meine Schwester war die Große, die Brave, die Gescheite, damit konnte ich nicht konkurrieren. War ich eben die Kleine mit dem guten Herzerl! Da konnte sie es mit mir nicht aufnehmen. Und wenn man das Hergeben übt, fällt es einem bald auch nicht mehr schwer.

Nur einmal war es anders. Da hatte ich zu Weihnachten eine männliche Puppe bekommen. Kein Mädchen in der Gegend hatte einen Puppenbuben! Ich nannte ihn Fritzi. Meine Mutter hatte dem Fritzi einen Steireranzug gestrickt, und ich spielte nur noch mit dem Fritzi. Alle meine anderen Puppen interessierten mich nicht mehr.

Im Februar tauschte meine Mutter den Fritzi bei der Kohlenhändlerin gegen eine Sonderration Koks ein, und von da an schob die schielende Tochter der Kohlenhändlerin meinen Fritzi im Puppenwagen durch die Gegend. Das nahm ich meiner Mutter übel!

Bitter war auch der Verlust des Tretrollers. Der hatte vor mir meiner Schwester gehört. Blau lackiert mit gelben Streifen war er, dicke Gummiräder und einen blitzblanken Lenker hatte er, und ein gummibelegtes Trittbrett. Er war ein viel bewundertes Stück. Besonders die Buben in der Gegend bestaunten den Tretroller und wollten mit ihm fahren. Die beste Tretroller-Strecke war das Postbergl in der Bergsteiggasse, weil dort – vor dem Postamt – der Gehsteig asphaltiert war. Kam ich mit dem Tretroller aufs Postbergl, waren im Nu ein Dutzend Kinder um mich herum versammelt, und ich hielt mich daher für ein sehr beliebtes Kind.

Nach der langen Krankheit in der ersten Klasse war ich schwach und mager. Jetzt sei gutes Essen für mich sehr wichtig, sagte der Doktor Kübler.

Die einzige Frau, die so ziemlich alles hatte, wovon man im Krieg nur träumen konnte, war die Gemüsefrau. Denn ihre sechs Schwestern hatten je einen Bauernhof. Also verscherbelte meine Mutter der Gemüsefrau meinen Tretroller. Die wollte ihn nämlich unbedingt für ihren Sohn, den wir Kinder den »depperten Mundl« nannten. Der Mundl war ziemlich verliebt in mich und fing vor Aufregung zu stinken an, wenn er mit mir redete. Ich war mir nie sicher, ob der Gestank vom Schwitzen oder vom Furzen kam.

Als ich nach gut einem halben Jahr wieder einigermaßen gesund war und das erste Mal auf wackligen Beinen zum Postbergl ging, standen da viele Kinder und umringten den depperten Mundl und den Tretroller. Der Mundl war gerade am Einteilen: »Jetzt derfst du, und dann du, und dann der da …«

Ich stellte mich dazu, ich wollte auch das Postbergl runterfahren, und als ehemalige Besitzerin erwartete ich mir eine Vorzugsbehandlung. Die wollte mir der Mundl ja auch zukommen lassen, aber die anderen Kinder, die ich alle für meine Freunde gehalten hatte, riefen: »Stell dich hinten an, bist doch erst ’kommen!«

Ich drehte mich um und ging heim. Der Mundl rief hinter mir her: »Wart, so wart doch, kannst ja eh jetzt gleich fahren!« Ich drehte mich nicht einmal um.

Später stand der Mundl alle paar Tage mit dem Tretroller vor unserer Wohnungstür und bat: »Komm raus, fahr so lange du willst!«

Ich knallte ihm die Tür vor der Nase zu.

An Kinderbücher in der Kriegszeit kann ich mich nicht erinnern. Nur an dünne Hefterln mit Schwarz-Weiß-Bildern. Eines war die Geschichte von einem Marienkäfer und hieß Kribbel-Krabbel-Kugelrund. Und ein Liederbuch hatten wir, das hieß »Sang und Klang fürs Kinderherz«. Das Novemberbild faszinierte mich. Da saß eine sehr bleiche Frau auf einer Friedhofsmauer und schaute traurig auf einen Acker voll Rotkraut. Und jede Menge lange, dünne Schutzengel geisterten durch die Seiten, standen bei Kinderbetten herum oder schwebten drüber. Einmal bekamen wir in der Schule ein Buch geschenkt. Mir gefiel es, weil es in rotes Leinen gebunden war. »Mutter erzählt von Adolf Hitler« stand in goldenen Buchstaben drauf. Aber meine Mutter wollte nicht von Adolf Hitler erzählen. Sie steckte das Buch in den Ofen. Es brannte nicht gut, der Ofen qualmte.

Der einzige Mensch, der mir etwas vorgelesen hat, war meine Großmutter. Die las immer, sehr langsam, stolpernd und laut den »Völkischen Beobachter«. Ich vermute, sie merkte gar nicht, dass sie laut las. Am liebsten las sie die Todesanzeigen mit der »stolzen Trauer« über die Gefallenen.

Meine Mutter und mein Großvater haben erzählt – er seine gelogenen Kindheitsgeschichten, sie Märchen. Das waren oft Märchen, die ihr die Großmutter erzählt hatte und die in keinem Märchenbuch stehen. »Hansl, trag mich in mein Loch« war mein liebstes Märchen.

Schrieb ich Hausübungen, saß meine Mutter immer neben mir und passte auf, dass ich keine Fehler machte. Aber einmal ging sie um Dauerwellen zum Friseur. Der Franzi aus dem Nachbarhaus war bei mir, wir spielten Schwarzer Peter und nur so nebenbei schrieb ich die Rechenhausübung. Und meine Mutter vergaß, sie am Abend zu kontrollieren.

Am nächsten Tag schrieb die Frau Stolle wie üblich die Rechnungen samt richtigem Ergebnis an die Tafel und wir mussten sie mit unseren Hausübungen vergleichen. Hinter eine richtige Rechnung machten wir ein Hakerl, hinter eine falsche ein Kreuzerl. Ich wäre an diesem Tag auf mehr Kreuzerl als Hakerl gekommen, aber ich machte hinter jede Rechnung ein Hakerl und schrieb unter die Rechnungen: 0 Fehler. Sonst hatte ich ja auch immer alles richtig, ich war eines der drei Null-Fehler-Kinder der Klasse! Und diese Position wollte ich weiter haben.

Mein Pech, dass die Stolle ausgerechnet an diesem Tag in mein Heft reinschaute. Sie schrieb mit roter Tinte in ihrer gestochenen Schönschrift einen bösen Satz hinein, etwas wie: »Schäm dich!« Und: »Das hätte ich nicht von dir erwartet!«

Das störte mich noch mehr als ein paar Kreuzerl. Wieder daheim, nahm ich den Tintentod meines Großvaters. Heute haben Kinder einen Stift, den »Tintenkiller«, mit dem sie Tinte löschen können, damals steckte der Tod im Flascherl. Wie beim Nagellack saß der Pinsel am Stoppel dran, man pinselte die Buchstaben ein und sie verschwanden. Der Großvater hatte zwei Flascherln. Eines für blaue Tinte, eines für rote.

Ich nahm den Tod für rot und pinselte die Rüge der Stolle ein. Die Schrift verfärbte sich in bleiches Gelb, das karierte Papier drunter schlug Wellen. Statt das Heft einfach verschwinden zu lassen, gab ich es am nächsten Tag ab.

Die Antonia Stolle ließ meine Mutter in die Schule kommen. Urkundenfälschung sei das, sagte sie, und ich müsse mich morgen vor der ganzen Klasse bei ihr entschuldigen und versprechen, so etwas nie mehr zu tun.

Meine Mutter kam heim und schimpfte: »Ja, Madl, bist deppert? Warum gibst denn das Heft auch ab?« Und dass ich mich entschuldigen und um Verzeihung bitten müsse, sagte sie auch noch.

Am nächsten Morgen ging ich mit einem mulmigen Gefühl im Bauch in die Schule. Ich war bereit, den blöden Satz »Ich bitte um Entschuldigung, ich werde es nicht mehr tun« zu sagen.

Die Frau Stolle kam in die Klasse, alle Kinder standen stramm, sie schaute ernst über die Köpfe der Kinder, bis ihr Blick an mir hängen blieb. »Christerl, komm heraus!«, sagte sie.

Ich ging gesenkten Kopfes nach vorne zum Katheder.

»Hast du mir etwas zu sagen?«

Ich hätte es ja sagen wollen, aber ich brachte es nicht über mich. Anderen Kindern war der Satz geläufig, die mussten ihn auch daheim runterbeten. Ich hatte das noch nie tun müssen.

Eine geschlagene Stunde stand ich da und schwieg. Die erste Pause kam, ich wusste nicht, ob ich mich setzen durfte oder stehen bleiben musste. Vorsichtig probierte ich es aus und ging auf meinen Platz. Sie sagte nichts. Aber am nächsten Morgen wiederholte sich das Spiel. »Christerl, komm heraus!« und »Hast du mir etwas zu sagen?«

Ich ging hinaus, sagte wieder nichts und stand bis zur Pause vor dem Katheder. So ging das nun Tag für Tag. Nach einer Woche hätte ich den Satz liebend gern gesagt, aber es ging einfach nicht. Da half daheim kein Zureden meiner Mutter.

Mein Großvater putzte jeden Tag in der Früh draußen auf dem Gang seine Schuhe. Ging ich in die Schule, kam ich an ihm vorbei.

»Geh, Madl«, munterte er mich auf, »denk dir, leck mich am Oasch, und sag's!«

Ich dachte: »Ja, so geht es! Ich denk mir, leck mich am Oasch, und sage es!« Aber als ich vor dem Katheder stand, brachte ich wieder kein Wort heraus. Dann kamen die Osterferien, und als ich nach den Ferien wieder in die Klasse kam, rief sie mich nicht mehr raus. Das war mein schönster Volksschultag!

Von Granatsplittern, Urlaubsscheinen, Bomben und einer neuen Möglichkeit, besser als meine Schwester zu sein

1944 wurde mein Vater in Russland schwer verwundet. Sie legten ihn in den Viehwaggon eines Zugs, der nach Warschau fahren sollte. Aber die Bahngleise waren an vielen Stellen zerbombt. Erst nach vierzig Tagen kam der Zug in Warschau an.

Im Warschauer Lazarett legten sie meinen Vater gleich ins Sterbekammerl. Er hatte jetzt nicht nur zerfetzte Beine, sondern auch eine Lungenentzündung. Und sein Herz wollte nicht mehr. Der fast zwei Meter lange Mann war auf vierzig Kilo abgemagert.

Dass er überlebte, verdankte er dem Rudi-Onkel. Der rief jeden Tag aus dem Führerhauptquartier im Lazarett an und ließ sich im Namen des Führers über den Unteroffizier Göth Bericht erstatten. Die Ärzte mussten glauben, mein Vater wäre ein wichtiger Nazi. Also holten sie ihn wieder aus dem Sterbekammerl raus und ließen einen Spezialisten kommen. Der kam dann jeden Tag und kurierte meinen Vater halbwegs. Mein Vater war sich ganz sicher, dass der Spezialist ein Jude gewesen ist. Aber woher hätte der kommen sollen? Das Ghetto gab es 1944 nicht mehr. Einzige Möglichkeit: Man hat ihn aus dem KZ geholt. Redete mein Vater später davon, und das tat er oft, sagte er immer: »Ich lebe und ihn haben sie sicher umgebracht. Nicht einmal bedanken hab ich mich bei ihm können, und garantiert hat er mich auch für eines dieser Nazischweine gehalten.« Das bedrückte ihn. Aber wirklich gesund wurde er nicht mehr. Das Herz blieb krank, und unzählige Granatsplitter blieben in den Beinen.

Als es ihm besser ging, wurde er aus Warschau in ein Lazarett nach Wien verlegt. Da konnte er uns jeden Tag daheim besuchen.

Ein paar Wochen vor Kriegsende wurde das Wiener Lazarett dann nach Deutschland, nach Nördlingen verlegt. Zu der Zeit glaubten nur mehr völlig verblendete Nazis den irren Durchhalteparolen. Jedem vernünftigen Menschen war klar, dass der Krieg nicht mehr lange dauern könne. Mein Vater riskierte es, nicht in den Lazarett-Zug zu steigen, sondern zu uns nach Hause zu gehen. Er hatte sich einen Packen Urlaubsscheine und zwei Stempel in der Schreibstube »organisiert« und stellte sich täglich selbst einen neuen Urlaubsschein aus, um diesen, falls er einer Militärstreife in die Hände fallen sollte, vorzuweisen. Viel genützt hätten ihm die Urlaubsscheine aber nicht, wenn ihn jemand denunziert hätte. Dann wäre er, ohne Prozess, als Deserteur sofort aufgehängt worden. Allen in unserem Haus war klar, dass mein Vater desertiert war. Er war auch in der Nacht bei uns, und Urlaub vom Lazarett gab es nur untertags. Aber nicht einmal die Donners hatten jetzt noch Lust, einen »Fahnenflüchtigen« zu melden. Und auf die Straße ging mein Vater kaum, das war ihm zu riskant.

Die hölzernen Zwischenwände in unserem Keller waren alle mit dem »Völkischen Beobachter« dick tapeziert. Das Papier hätte das Giftgas davon abhalten sollen, durchzudringen. Bis auf meine Großmutter liefen alle Hausparteien, die noch nicht nach Westen geflüchtet waren, beim Sirenengeheul in den Keller runter. Die Leute saßen auf mitgebrachten Klappstockerln, manche beteten laut, manche fluchten leise auf den Hitler, viele kreischten schrill, wenn es rundherum krachte und zischte. Die Nazi-Familie Donner saß stumm dazwischen und starrte den »Völkischen Beobachter« an.

Meine Mutter hielt meine Schwester und mich in den Armen. Die Liesl schluchzte und wimmerte vor sich hin und hielt sich die Ohren zu, wenn es oben laut wurde.

»Die Christerl macht keinen Mucks!«, lobte mich meine Mutter. »Die ist tapfer!«

Wieder eine Sache, bei der ich besser sein konnte als meine Schwester! Also blieb ich tapfer und stumm, egal wie es um uns herum krachte.

Es war ein lauer, sonniger Tag, als die Bombe ins Nachbarhaus einschlug. Meine Großmutter war beim Kochen und ich war bei ihr. Meine Mutter und meine Schwester waren längst im Keller unten, mir gefiel es oben bei der Großmutter besser.

Meine Mutter wollte mich in den Keller runterholen, aber meine Schwester wurde panisch, klammerte sich an sie und wollte sie nicht weglassen.

Der Höllenlärm der Propellerflieger war diesmal besonders laut. Ich ging zum Fenster und schaute zum Himmel rauf. Der Himmel war blitzblau. Und dann sah ich die Flieger. Vorne flog einer, dahinter waren viele in Dreierreihen. So viele Bomben fielen aus ihnen runter, dass es aussah, als hingen glitzernde Perlenketten aus den Fliegerbäuchen.

Jetzt wollte ich doch lieber bei meiner Mutter sein und rannte aus der Wohnung, dem Keller zu. Der Großmutter reichte es trotz ihrer Schwerhörigkeit auch, sie kam hinter mir her. Ich lief die Kellertreppe runter. In dem Moment schlug eine Bombe ins Nachbarhaus ein, und der Luftdruck riss unsere Kellertür aus den Angeln. Ich drehte mich um und sah meine Großmutter mit weit aufgerissenen Augen und verrutschter Brille auf der Kellertür die Stufen hinuntersegeln.

Der Luftdruck hatte das halbe Haus zerstört. Der Teil, in dem die Großeltern wohnten, war bis auf ein paar dicke Sprünge in den Decken heil geblieben, unsere Wohnung war verwüstet, die Decke zum Teil eingebrochen, die Fenster halb rausgerissen.

Als wir aus dem Keller kamen, stand die Frau Simon im Schutt und plärrte: »Heil Hitler, Scheiß-Hitler, Heil Hitler-Scheiß-Hitler!«

Mit eingezogenem Kopf ging der Blockwart vorbei. Das war im März 1945, er wird gewusst haben, dass man jetzt besser nicht mehr einschreitet.

Meine Mutter stieg langsam über die Schutthaufen zu einem unserer Fenster. Das Glas war zersplittert, die Fensterflügel lagen auf der Straße draußen, der Fensterstock hing schief in der Mauer. Wie in Trance nahm sie ein zerfetztes Kleidungsstück, das aus einem Kasten geschleudert worden war, und fing an, das Fensterbrett von Staub freizuwischen. So lange, bis ihr mein Vater den Fetzen aus der Hand nahm.

Das Reindl mit den eingebrannten Erdäpfeln lag im Schutt, mittendrin eine braune Gurgelwasserflasche. Die Tuchenten und die Pölster hatte der Luftdruck aus den Betten an die Wand gewirbelt, oben auf dem Berg aus Daunenzeug lag mein roter Puppenwagen.

Zwei oder drei Tage schliefen wir bei meinen Großeltern. Wie das ging, weiß ich nicht mehr. Es gab dort ja nur das Ehebett und ein schmales Sofa. Und es gibt leider keinen Menschen mehr, den ich danach fragen könnte.

Vom wilden Herzklopfen bei der Atariastraße und dem großen Glück, einen Major im Haus zu haben

Wir bekamen einen Bombenschein, der uns aus dem Gröbsten helfen sollte. Zwei Tage lief meine Mutter damit in der Stadt herum auf der Suche nach Schuhen und Kleidern, wir hatten ja nur mehr, was wir im Keller am Leib getragen hatten, und das war völlig verstaubt. Bloß mein Vater hatte noch ein paar Hosen und Hemden, weil meine Mutter seine Sachen, nachdem er eingerückt war, ins Kabinett getan hatte. Aber die Geschäfte waren leer. Irgendwo ergatterte sie trotzdem für meine Schwester und mich je ein Kleid und ein Paar Schuhe. Das Kleid für mich war aus blauem Samt mit weißer Stickerei, später wurde es mein Lieblingskleid, aber anscheinend hatte mich das Erlebte so durcheinandergebracht, dass ich brüllte: »Dieses Scheißkleid zieh ich nicht an!«

Da half kein Zureden, kein Schimpfen, ich blieb dabei. Mein Vater wollte mir das Kleid über den Kopf ziehen, ich trat ihm mit aller Kraft gegen das Schienbein, auf dem er eine Beinhautentzündung hatte, er gab mir vor Schmerz eine Watschen. Die einzige, die ich jemals von ihm bekommen habe, und er hat sich dafür auch hinterher gleich entschuldigt.

In der ausgebombten Wohnung konnten wir nicht bleiben, bei den Großeltern auch nicht. Zu Hilfe kam uns die alte Wöss, der ein Haus in der Nachbarschaft gehörte und die auch eine Villa in Neuwaldegg besaß. Sie musste den ersten Stock der Villa Bombenopfern zur Verfügung stellen, und da war es ihr recht, dass sie uns kannte und nicht für »Gesindel« hielt. Die Wöss war krumm, hatte schlohweiße, unfrisierte Haare und trug auch im Sommer einen Plüschmantel, der vielleicht einmal schwarz gewesen war. Jetzt war er grüngrau und an den Ellbogen und am Hintern abgewetzt. Ich hatte die Wöss immer für eine ganz arme Frau gehalten und konnte gar nicht begreifen, dass so einer Person eine Villa gehörte. Meine Mutter bekam von der Wöss die Erlaubnis, in ein Zimmer der Villa einzuziehen.

Mein Vater stellte sich wieder einen Urlaubsschein aus und wir gingen mit Sack und Pack, viel war das ja nicht mehr, nach Neuwaldegg. Wir gingen zu Fuß, weil Bomben die Straßenbahnschienen zerstört hatten.

Draußen bei der Atariastraße stand eine Militärstreife. Drei Soldaten. Meine Mutter bekam ihre roten Flecken am Hals, mein Herz fing wild zu hämmern an, aber mein Vater gab sich gelassen. Die drei Soldaten, alle einen Kopf kleiner als mein Vater und sehr jung, schauten den Urlaubsschein an, nickten zu meinem Vater rauf und gaben ihm den Schein zurück. Wir durften weitergehen. Aber deswegen war mein Vater noch längst nicht in Sicherheit. Wir wussten ja nicht, zu welchen Menschen wir kommen würden. Und Denunzianten gab es damals reichlich.

Mein Vater muss in diesen Tagen eine Scheißangst gehabt haben. Anzumerken war sie ihm aber nicht.

Die Villa, in der wir wohnten, müsste heute noch stehen. Ein Lanzenzaun säumte den Garten zur Straße hin. Das Haus war ein typischer Jahrhundertwendebau, Schönbrunnergelb mit braunen Fensterläden.

Ein altes, ausgebombtes Ehepaar wohnte im Zimmer neben uns, die anderen Zimmer im ersten Stock waren unbewohnt. Im Erdgeschoß lebte die Frau Wüst, ich glaube, sie war eine Schwiegertochter oder eine Nichte der Wöss, mit ihren Kindern, der Thorgert und dem Roger. Die Thorgert war ein Jahr älter als ich, der Roger ein Jahr jünger. Ihr Vater war im Krieg gefallen. Die Thorgert hatte immer eine kleine, selbst gemachte Stoffpuppe dabei. Der fehlte das Gesicht. Sie erzählte mir, dass ihre Mutter der Puppe gerade den Nabel sticken wollte, als die Meldung kam, dass der Vater gefallen sei, und da habe die Mutter aufgehört, an der Puppe weiter zu nähen.

Dass die Frau Wüst und das alte Ehepaar keine Denunzianten waren und mein Vater sich vor ihnen nicht fürchten musste, war bald klar. Die ersten paar Tage blieb er trotzdem im Haus, wegen der Nachbarn. Doch die Frau Wüst meinte, von den paar Familien, die noch da waren, drohe keine Gefahr. Alle Nazis der Gegend, und das waren nicht wenige, seien längst – wie man das damals nannte – »ab nach Westen«. Also ging mein Vater auch in den Garten raus.

Gekocht haben wir nicht in der Küche unten bei der Frau Wüst, sondern in unserem Zimmer auf einem kleinen Sparherd. Woher wir den hatten und wie er nach Neuwaldegg gekommen war, weiß ich nicht mehr. Wo wir uns gewaschen haben, auch nicht. Viel gewaschen werden wir uns wohl nicht haben.

In die Schule gingen wir, obwohl es erst Anfang März war, nicht mehr. Die nächste Schule für mich wäre bei der Endstation der Straßenbahnlinie 43 gewesen, zu Fuß etwa einen Kilometer weit weg, und meine Mutter sagte: »Kommt nicht in Frage, jetzt will ich meine Kinder bei mir haben!« Und ein Gymnasium für meine Schwester gab es in Neuwaldegg überhaupt nicht. Es wäre völlig unmöglich gewesen, dass sie jeden Tag in die Stadt in die Albertgasse gefahren wäre. Seit meine Mutter sie aus Kärnten zurückgeholt hatte, wohin ihr ganzes Gymnasium evakuiert worden war, musste sie in die Schule im achten Bezirk gehen.

Bomben fielen auch hier in Neuwaldegg. Einmal war der Bombenangriff so gewaltig, dass sogar mein Vater in den Keller wollte. Ich sehe ihn noch vor mir, wie es rundherum dröhnt und das ganze Haus bebt, und er sich mit beiden Beinen und Armen gegen den Türstock der Kellertür stemmt, als könnte er so das Haus am Einstürzen hindern.

Meine Schwester wollte nie mehr in einen Keller runter. Sie lief immer mit ein paar Nachbarn, wenn die Sirenen heulten, in den Wald. Meine Mutter hatte es nicht zulassen wollen und gesagt: »Wenn wir sterben, sterben wir alle zusammen!«

Da war mein Vater ganz grantig geworden und hatte sie angeschnauzt, dass die Liesl das Recht habe, in den Wald zu gehen, wenn sie sich dort besser fühle, und sie habe auch das Recht, nicht mit ihrer Mutter sterben zu wollen!

Von da an sagte sie nichts mehr.

Wir erwarteten den Einmarsch der Russen sehnsüchtig. Aus Angst um meinen Vater. Jetzt kamen nämlich jeden Tag deutsche Soldaten auf dem Rückzug vorbei und verlangten etwas zu trinken. Einmal saßen sogar zwei SSler bei der Frau Wüst in der Küche und ließen sich von ihr aus mitgebrachten Eiern und Butter eine Eierspeis machen.

Wenn deutsche Soldaten durch den Garten aufs Haus zukamen, versteckte sich mein Vater in einem kleinen Kammerl, ganz oben unter dem Dach.

Dann kam endlich der ersehnte Tag! Von der Höhenstraße her zogen die Russen über die Neuwaldegger Straße stadteinwärts. Ich stand beim Lanzenzaun und schaute zu, sah viele Soldaten, dazwischen Panje-Wagen, gezogen von sehr kleinen Pferden, Autos und Laster. Ob da schon Panzer dabei waren, erinnere ich mich nicht. Aber ich glaube, die rollten erst am Tag drauf der Stadt zu.

Am nächsten Tag quartierten sich im Haus bei uns ein russischer Major samt Gefolge und eine Funkereinheit ein. Der Major unten bei der Frau Wüst, die Funker bei uns oben. Es hieß, wir hätten großes Glück gehabt, einen Major ins Haus zu bekommen. Da würden sich die gewöhnlichen Soldaten nicht trauen, reinzukommen, um zu plündern und zu vergewaltigen. Aber mein Vater sagte gleich, dass wir spätestens im Herbst von hier weg müssten, denn dann würden die Kampftruppen abziehen und der Tross würde kommen, und den zu erleben, wollte er uns nicht zumuten.

Jedenfalls waren die Soldaten bei uns im Haus allesamt freundlich, besonders zu uns Kindern. Sie waren, glaube ich, alle studierte Leute. Ein paar konnten sogar gut Deutsch, und viele Französisch. Aber das konnten wir nicht.

Einmal hörte ich meinen Vater zu meiner Mutter sagen: »Es ist ein Glück, dass die russischen Soldaten nie Urlaub bekommen, würden die gesehen haben, was die Deutschen in ihrem Land angerichtet haben, wären sie nicht so freundlich zu uns.«

Unangenehme Soldaten kamen trotzdem, meistens waren sie total betrunken. Dann brüllten und grölten sie und fuchtelten mit ihren Pistolen herum, und ich hatte das Gefühl, dass sich auch die Funker-Soldaten vor ihnen fürchteten.

Meine Mutter hatte keine Angst. Sie verschaffte sich Respekt. Einmal griff ihr ein Soldat an den Hintern. Dem haute sie eine runter. Er nahm es ihr nicht übel, grinste und sagte lobend: »Gut Frau, gut Frau!«

Wirklich gefürchtet habe ich mich nur vor einer russischen Militärpolizistin. Die konnte ein bisschen Deutsch und saß oft bei meiner Mutter und erzählte ihr, dass ein deutscher Soldat ihr kleines Baby, das von der Oma betreut wurde, weil es sehr krank gewesen war und laut geweint hatte, zum Fenster rausgeworfen hatte. Vor der Frau war ich auf der Hut. Sie war dick, hatte Löcher in den schwarzen Strümpfen und schaute nicht freundlich drein, und ich traute ihr zu, dass sie an mir – auch wenn ich kein Baby mehr war – Rache nehmen könnte.

Über das Kriegsende gab es unzählige Falschmeldungen. Der Krieg ist aus, der Krieg ist nicht aus, aus, nicht aus … Jeden Tag ein anderes Gerücht.

Dass mein Vater in Russland fünf Jahre Soldat gewesen war, durften die Russen natürlich nicht erfahren. Sie hätten ihn gefangennehmen müssen! Er log ihnen vor, dass er schon zu Kriegsbeginn invalide gewesen sei und daher »untauglich«. Dass ihm das alle glaubten, bezweifle ich. Vielleicht ließen sie ihn nur in Frieden, weil sie ihn für ihren Uhren-Tick brauchten.

Mein Vater saß den ganzen Tag bei einem improvisierten Werktisch und reparierte Uhren. Die Soldaten kamen aus der ganzen Gegend zu ihm, hatten Armbanduhren an beiden Armen, vom Handgelenk bis zum Ellbogen rauf. Sie warfen ihm ein paar Uhren, die nicht richtig oder gar nicht gingen, auf den Werktisch, nahmen sich von denen, die schon dort lagen, ein paar andere und marschierten wieder ab. Und mit jedem Soldaten musste mein Vater wenigstens einen Schluck Schnaps trinken. Gegen Abend war er wirklich nicht mehr nüchtern. Und dauernd hatte er Angst, dass irgendwann ein Soldat seine »eigenen« Uhren einfordern könnte. Aber das passierte nie.

Am 1. Mai war der Major nicht daheim, und unsere Funker gingen auch zum Feiern woanders hin. Nur zwei blieben da. Die luden meinen Vater zum Mai-Feiern in die Bibliothek ein. Mein Vater hätte gern abgelehnt, weil man sich auch von freundlichen, gebildeten Funkern, wenn sie sehr besoffen sind, besser fernhält. Aber so eine Einladung durfte man nicht ablehnen.

Die Frau Engel aus dem Haus gegenüber war schon in der Bibliothek, als mein Vater reinkam. Sie trank Likör und lachte viel. Mein Vater flüsterte der Frau Engel zu, sie möge heimgehen. Die Frau Engel wollte nicht, sie fand es nett da, trank weiter, trank sogar mit den zwei Funkern Bruderschaft.

Nach kaum einer Stunde gab der eine Funker meinem Vater mit einer Handbewegung zu verstehen, dass er verschwinden soll. Mein Vater stellte sich blöd, blieb sitzen und signalisierte der Frau Engel, dass sie jetzt aber wirklich heimgehen sollte. Doch die Frau Engel blieb. Als einer der Funker meinem Vater sagte, dass er jetzt schlafen gehen müsste und, die Forderung verstärkend, seine Pistole auf den Tisch legte, ging mein Vater.

Wir schliefen in dieser Nacht kaum, weil aus allen Häusern rundherum lautes Geschrei, Ziehharmonika-Musik und Gegröle zu uns rüberkam. Viel geschossen wurde auch. »Die schießen nur in die Luft«, beruhigte uns mein Vater.

Irgendwann in der Nacht gab es auch Geschrei aus unserer Bibliothek, und mein Vater sagte zu meiner Mutter: »Tja, jetzt kann ich dem blöden Luder auch nicht mehr helfen.«

Am nächsten Tag lief die Frau Engel heulend herum und erzählte allen, sie sei vergewaltigt worden.

Von der enormen Vermehrung unserer Habe und einer Küche voll Reindln, vor denen mir graust

In Neuwaldegg wohnten wir bis Ende Oktober. Als meine Eltern im Spätherbst zurück in die Geblergasse wollten, trieb mein Vater eine alte Fuhrwerkerin auf, die noch einen Wagen und ein Pferd besaß. Aber das Pferd war alt und schwach. Und der Wagen war voll beladen, das Pferd brachte ihn nicht von der Stelle. Mein Vater bat unseren kräftigsten Russen, den Iwan, ihm beim Anschieben des Gefährts zu helfen. Der Iwan hatte keine Lust dazu, er ging auf die Straße raus und stamperte ein paar alte Männer, die gerade in den Wienerwald gingen, um Brennholz zu sammeln, in unseren Garten rein.

Als die erfuhren, dass sie bloß einen Wagen anschieben und nicht für einen »Arbeitseinsatz« nach Osten abtransportiert werden sollten – damals durchaus eine Möglichkeit –, waren sie so erleichtert, dass sie übertrieben heftig schoben. Der Wagen fuhr dem armen, alten Gaul mit aller Wucht in den Arsch rein, da blieb ihm gar nicht anderes übrig, als loszugaloppieren.

Mit drei kleinen Binkerln waren wir gekommen, mit einem hoch beladenen Wagen fuhren wir weg. Auf dem Wagen waren vor allem Lebensmittel. Teils aus dem NSV-Lager geholt, man könnte es auch »geplündert« nennen, teils von den Russen geschenkt. Wir hatten Nudeln und Fleckerln, Linsen, Erbsen und Bohnen, getrocknete Röstzwiebel, viele Dosen mit Schmalzfleisch, Kannen voll Öl, einen Sack Trockenei und jede Menge Likörflaschen aus der Meinl-Fabrik, die die russischen Soldaten angeschleppt und meinem Vater fürs Uhrenreparieren gegeben hatten. Likör mochten die Russen nicht, sie tranken nur Schnaps. Unzählige Gläser mit eingerextem Reh- und Hirschfleisch aus dem Keller des Forsthauses hatten uns die Soldaten auch gebracht, die Gläser waren ihnen nicht geheuer. Mir übrigens auch nicht! Was da braun durchs Glas schimmerte, gefiel mir nicht.

Wir zogen im ersten Stock in die Hamperl-Wohnung ein. Das Ehepaar Hamperl war nach Westen geflüchtet. Die Wohnung hatte zwei Zimmer mit furchtbar hässlichen, kackebraun lackierten Möbeln und eine Küche, vor der mir besonders grauste. In allen Hernalser Küchen roch es zu dieser Zeit für mich nicht angenehm. Es gab ja kein fließendes Wasser zum Abwaschen. Oft nicht einmal warmes Wasser. Und auch kein gutes Spülmittel, nur Sand und Soda. Teller und Häferln ließen sich damit ordentlich sauber kriegen, aber die Emailhäfen, die Reindln und die Pfannen wurden nie wirklich rein und stanken nach ranzigem Fett. Das Geschirr in der Hamperl-Küche stank besonders intensiv. Wir nahmen es auch nicht zum Kochen. Meine Mutter borgte sich lieber bei der Großmutter Reindln aus.

Unsere Wohnung richtete mein Vater mit anderen schon aus dem Krieg heimgekehrten Männern her. Für meinen Puppenwagen tauschten wir, obwohl Bombensplitter ein paar kleine Löcher hineingeschlagen hatten, das Holz für den Fußboden vom Zimmer. Die Böden in der Küche und im Kabinett waren heil geblieben. Für einen Liter Öl arbeitete ein Maurer eine ganze Woche lang.

Als wir zurück in die Geblergasse kamen, hieß es, einige Leute seien in den ersten Nachkriegstagen verhungert. Alte Menschen, die nicht mehr aus dem Haus gehen konnten, um zu plündern oder sich stundenlang anzustellen. Eine alte Frau war angeblich deshalb verhungert, weil sie sich aus Angst vor den Russen drei Wochen in ihrer Wohnung versteckt hatte.

Meine Großmutter war bloß einmal plündern gewesen, und da hatte sie nur graue Armeesocken erwischt. Damit niemand den Socken die Herkunft ansah, schnitt sie ihnen das grüne Randerl ab und fasste sie oben neu ein. Eine mühselige Arbeit. Aber wir nahmen ihr die Socken trotzdem nicht ab, denn sie kratzten.

Die Frau Simon hatte mehrere Riesenbinkel ungefärbter, total vermankelter Wolle ergattert. Zwei davon schenkte sie uns. Meine Mutter färbte den einen hellblau, den anderen dunkelblau. Meine Schwester und ich saßen dann wochenlang bei dem verwurstelten Zeug und wickelten es zu Knäueln auf.

Meine Mutter strickte mir aus der Wolle einen Badeanzug. Hellblau, mit einem dunkelblauen Streifen in der Mitte. Ich ging damit stolz ins Jörgerbad, aber als ich aus dem Becken stieg, ergoss sich ein Wasserschwall aus mir – und der Badeanzug hing mir bis zu den Knien runter.

Von einer sehr befremdlichen Verteilung von »Tschuwingamm« und Vätern, vor denen man Angst haben muss

Als wir Ende Oktober wieder in die Schule gingen, staunte meine Schwester nicht schlecht, wie sich ihre Professorinnen über den Sommer verändert hatten. Stolze Nationalsozialistinnen waren zu aufrechten Demokratinnen geworden. Und die wackere Frau, deren Lieblingsthema früher die alten Germanen gewesen war, pries nun die alten Griechen und verkündete, dass Griechenland die Wiege der abendländischen Kultur gewesen sei. Das hielt sie durch. Noch als ich von ihr unterrichtet wurde, erfuhr ich nie auch nur einen Tupf über germanische Heldensagen. Siegfried, Kriemhilde und Brünhilde wurden von ihr schamhaft verschwiegen. Dabei hätte ich doch von den Kriegsspielen meiner Schwester her so viel über sie gewusst!

Als wir zurück in die Geblergasse kamen, war dort schon amerikanische Besatzungszone. Ami-Soldaten begegnete man oft auf den Straßen, Angst vor ihnen hatte niemand.

An den ersten Tagen nach unserer Rückkehr fragte mich ein Mädchen aus der Nachbarschaft: »Gehst mit zur Geblerschule? Die Amis schenken dort Kaugummi her.«

Von Kaugummis hatte ich schon gehört. Gesehen oder gar im Mund gehabt hatte ich noch keinen.

Ich glaubte, bei den »Amis« gehe es so zu wie bei den Russen: Da steht ein Soldat, grinst freundlich und verteilt, was er herzuschenken hat. Das war ein Irrtum. Vor der Geblerschule stand eine Horde Kinder, glotzte zu den offenen Fenstern der Schule rauf und schrie im Chor: »Tschuwingamm plieeees, Tschuwingamm plieeees!«

In den offenen Fenstern lehnten Soldaten, manche saßen auch auf den breiten Fensterbrettern, und schauten auf die Kinder runter. Hin und wieder warf ein Soldat einen Streifen Kaugummi aus einem Fenster. Dann hörte das Gebrüll auf, und die ganze Horde stürzte sich auf den Kaugummi und balgte sich drum. Meistens war es aber kein Kaugummi, sondern ein Zigaretten-Tschick, um den sie sich balgten. Doch das entmutigte die Kinder nicht, unverdrossen brüllten sie aufs Neue: »Tschuwingamm, plieeees, Tschuwingamm plieeees!«

Ich schaute mir die unwürdige Balgerei ein paar Minuten an, dann ging ich heim.

Ein Bub wollte ich nie sein, aber eine Buben-Lederhose wollte ich unbedingt. Mein Vater tauschte eine gegen eine Taschenuhr ein. Blöd war nur, dass die Antonia Stolle darauf bestand, dass wir in der Schule Schürzen trugen. Eine Lederhose und drüber eine Rüscherlschürze, das schaute komisch aus, aber ich nahm es in Kauf.

Ansonsten hatte ich keine Kleidersorgen. Das meiste, was ich besaß, kam aus dem US-Spendenlager der Caritas. Westen strickte meine Mutter aus aufgetrennten alten Sachen, die ihr Nachbarinnen schenkten. Den Wintermantel, auch von der Caritas, trug ich drei Jahre. Zuerst war er mir zu groß, zum Schluss war er mir zu klein.

Bloß die Unterhosen mussten eng sein und durften nicht schlabbern, und die langen Strümpfe durften keine Falten schlagen. Den Strumpfbandgürtel hasste ich auch, aber dazu gab es keine Alternative, den hatten alle Kinder, meistens sogar die Buben, denn lange Hosen waren für Buben »unter zehn« nicht üblich.

Und ein Zopf-Problem hatte ich! Ob die Zöpfe runterbaumelten oder zu Gickserln hochgebunden wurden, war mir egal. Doch sie mussten ganz fest geflochten sein und auf den Millimeter genau rechts und links vom Mittelscheitel anfangen. Hatte ich das Gefühl, dass ein Zopf etwas näher beim Ohr oder etwas tiefer als der andere anfing, drehte ich durch. Beutelte den Kopf, stampfte mit dem Fuß auf und heulte Rotz und Wasser, wenn meine Mutter den Zopf nicht noch einmal flechten wollte. Zwei exakt gleiche Zöpfe kriegte nur mein Vater wirklich hin. Aber hatte der in der Nacht lang gearbeitet, schlief er in der Früh noch und stand nicht zur Verfügung.

Dass sich viele Kinder vor ihren Vätern fürchten mussten, war auch erst nach dem Krieg zu merken. Vorher waren die Väter ja weg gewesen. Der grauslichste Vater war der Herr Moly vom Haus gegenüber. Wenn der Kurti nicht rechtzeitig vom Park heimkam, stand der Herr Moly wartend vor dem Haustor. Bog der Kurti von der Bergsteiggasse her in die Geblergasse ein, zog sich der Herr Moly bereits den Ledergürtel vom Hosenbund.

War ich auf der Gasse, wenn das passierte, fing mein Herz rasant zu klopfen an, und ich dachte: So dreh doch um und renn weg, Kurti!

Doch der Kurti ist nie weggerannt, nur langsamer ist er geworden, und ich habe nie gewartet, bis er beim Haustor gewesen ist. Ich bin in unser Haus rein und habe nur noch das Gebrüll vom Kurti gehört.

Niemand von den Erwachsenen, die diese Dresch-Orgien mitangesehen haben, hat eingegriffen. Auch meine Großmutter, wenn sie die Szene durchs Zimmerfenster sah, hat nur achselzuckend gesagt: »Heut wird er wieder ordentlich g'wassert, der Kurti!«

Der Franzi aus dem Nachbarhaus wurde angeblich nie von seinem Vater geschlagen. Aber an der Wand hinter seinem Kinderbett hing ein Ochsenziemer. Als Drohung. Zu meiner Mutter hat der Vater vom Franzi gesagt: »Damit der Bub immer weiß, was passiert, wenn er schlimm wär!«

Man durfte die meisten Kinder auch nur besuchen, wenn bloß die Mutter daheim war. Wollte man zum Spielen kommen, wenn der Vater da war, sagte die Mutter an der Wohnungstür: »Heute geht es nicht, unser Papa ist zu Haus!«

Und viele Kinder, die zu mir kamen, wollten kehrtmachen, wenn sie meinen Vater sahen. Daran, dass sie vor ihm keine Angst zu haben brauchten, mussten sie sich erst gewöhnen.

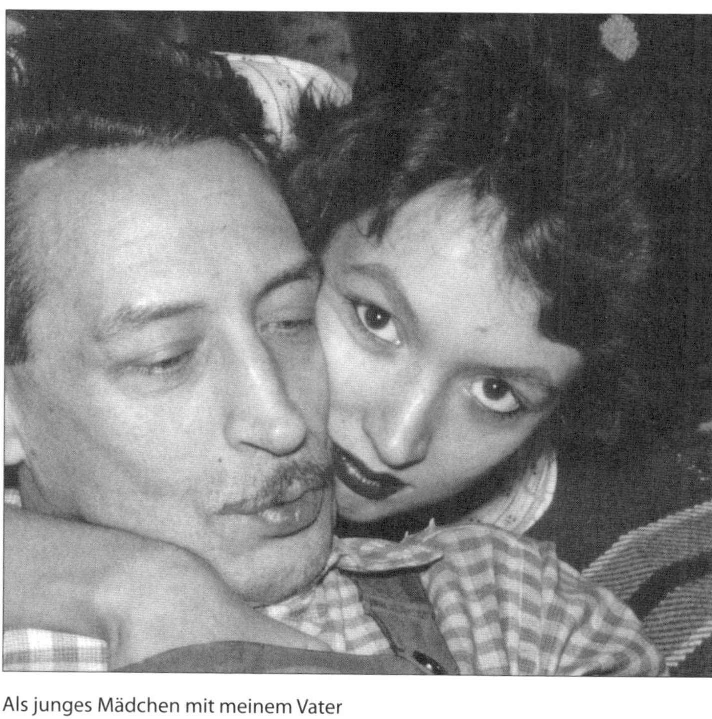

Als junges Mädchen mit meinem Vater

Von Zugehörigkeiten, die futsch gehen, einem verschobenen Gummiknutscherl und einem frühen Afro-Look

An die ersten vier Jahre im Gymnasium sind meine Erinnerungen irgendwie blass. Sehr wohl in meiner Haut dürfte ich mich nicht gefühlt haben. Statt einer dicken Lehrerin hatte ich viele neue Professorinnen, aus meiner Volksschulklasse gingen nur drei Kinder mit mir in die Klasse, und die hatte ich früher nicht besonders gemocht. Meine Freundinnen gingen alle in die Hauptschule, und als ich am ersten Schultag, der nur eine Stunde gedauert hatte, zur Geblerschule gelaufen war, um sie abzuholen, hatten sie mir zu verstehen gegeben, dass ich nicht mehr »dazu« gehöre.

»Gehst ja jetzt ins Gymnasium«, hatte die Boshammer Eva zu mir gesagt und war mit den Braunshofer-Zwillingen davonmarschiert.

Die Boshammer Eva hatte eigentlich auch allen Grund, mich nicht zu mögen. Sie war nämlich viel gescheiter als ich. Oft habe ich in ihr Heft rübergelinst, wenn ich nicht wusste, wie man ein Wort richtig schreibt oder wie man mehrstellig multipliziert. Sie hätte auf alle Fälle ins Gymnasium gehört!

Natürlich fand ich schnell neue Freundinnen, aber so richtig vertraut wurde ich mit denen lange nicht. Und Lernprobleme hatte ich auch. Enorm viel hatte uns die Antonia Stolle nicht beigebracht, zwei von denen, die aus meiner Volksschule gekommen waren, wechselten deshalb im Dezember in die Hauptschule. Und ich war in der ersten Klasse nur drei Monate in der Schule gewesen, hatte vier Monate von der dritten Klasse und zwei von der vierten versäumt. Ich wusste nicht einmal, was »Fälle« sind. Und Hochdeutsch konnte ich schon gar nicht, aber im Gymnasium musste man »schön« reden. Also meldete ich mich auch nicht zu Wort, wenn ich etwas wusste, weil ich jeden gedachten Satz erst in die Fremdsprache »Schön« übersetzen musste. Mein erstes Zeugnis, damals gab es noch Trimester, war völlig mies.

»Sie weiß«, sagte mein Klassenvorstand beim ersten Sprechtag, »was ein intelligentes Kind ihres Alters ohne jegliche Schulbildung eben so weiß!« Sehr übertrieben war das nicht. Aber bis zum Ferienbeginn holte ich alles nach und bekam sogar einen »Vorzug«.

Gelesen habe ich viel. Nun gab es ja wieder Bücher zu kaufen. Die Kästner-Kinderbücher wurden neu aufgelegt, »Mädchenbücher« erschienen auch wieder, meine Mutter ging regelmäßig in die Buchhandlung Matzner und kaufte für meine Schwester und mich Bücher. Anscheinend waren Bücher damals nicht sehr teuer. Die Verkäuferin beim Matzner war eine unbedarfte Person. Hatte ein Buch als Titel einen Frauennamen, hielt sie es für ein »Mädchenbuch«, und so las ich mit elf, zwölf Jahren nicht nur »Pünktchen und Anton« und den »Lederstrumpf« und »Evi im Internat«, sondern auch ergreifende Frauenschicksale der tränentreibenden Sorte. Und mir gefiel alles. Kritische Urteile kann man sich von Leserinnen dieses Alters auch nicht erwarten. Hauptsache, ich konnte in das Leben anderer Menschen eintauchen. Meistens war ich traurig, wenn ein Buch zu Ende ging, ich wäre noch gern in der Geschichte dringeblieben.

Karl May las ich nicht, weil mein Vater gesagt hatte, dass das ein Schmarren ist. In meiner Klasse waren fast alle Karl-May-Fans, gaben einander Spitznamen aus den May-

Büchern und übten sich im Auswendiglernen der ellenlangen Namen. Ich machte nicht einmal den Versuch, ein, zwei Seiten Karl May zu lesen, um rauszukriegen, ob mein Vater mit seinem Urteil vielleicht doch nicht recht hatte. Erzählten meine Mitschülerinnen in den Pausen, wie viele Seiten sie gestern wieder »verschlungen« hatten, wobei sie sich gern übertrumpften, saß ich dazwischen und hatte so etwas wie ein »elitäres Bewusstsein«.

Ich glaubte nicht nur meinem Vater, ich glaubte auch Erich Kästner alles. In »Pünktchen und Anton« zum Beispiel gibt es die schräg gedruckten Nachdenkereien, damit Kinder, die nicht gern nachdenken, diese Seiten getrost überschlagen konnten. Und in einer dieser Nachdenkereien ging es um Pünktchens Mutter, die keine gute Mutter ist und nebstbei oft Migräne hat, und Kästner schreibt: »Migräne ist ein einseitiger Kopfschmerz, den man hat, auch wenn man ihn nicht hat.« Da hätte ich doch aus lebenslanger Erfahrung mit meiner Mutter wissen müssen, dass er sich irrt. Meine Mutter litt einmal im Monat zwei Tage lang unsäglich! Ich mochte den Satz trotzdem, erstens weil er so hübsch war, und zweitens war er eine Art Bollwerk gegen das Leid meiner Mutter. Lag sie im Bett und jammerte ihr »Ich sterbe, ich sterbe, ich sterbe …«, sagte ich mir vor: »Ein Kopfschmerz, den man hat, auch wenn man ihn nicht hat!«

Aber böse war ich auf den Erich Kästner auch! Die unbedarfte Verkäuferin hatte meiner Mutter den »Fabian« verkauft. Der Untertitel »Geschichte eines Moralisten« schien die beiden nicht auf den Gedanken zu bringen, dass das vielleicht doch kein Jugendbuch sein könnte. Ich las also den »Fabian«. Was ich davon verstanden habe, weiß ich nicht mehr, jedenfalls freute ich mich schrecklich für ihn, als alles auf ein schönes Happy End zusteuerte, und schließlich ist das Happy End auch da, und der glückliche Fabian geht über eine Brücke und sieht unten im Fluss einen kleinen Buben und springt, um ihn zu retten, von der Brücke ins Wasser. Und da steht dann, als allerletzter Satz: »Der kleine Junge schwamm ans Ufer, Fabian ertrank, er konnte nicht schwimmen.«

Da haderte ich mit Kästner. Warum, fragte ich mich, hat er das gemacht? Er hat die Geschichte doch erfunden, es wäre in seiner Macht gelegen, den Fabian glücklich zu machen, was hat denn das für einen Sinn, dass er ihn ersaufen lässt? Mir fiel keine Erklärung dafür ein.

Eine ganz andere Romanfigur beschäftigte mich auch heftig: die Gräfin Bileschowska. Ob sie sich exakt so schrieb, weiß ich nicht mehr. Ich hatte mir beim Herrn Pechtloff im Antiquariat ein sehr billiges Buch gekauft: »Das Tagebuch der Gräfin Bileschowska«. Sie war eine russische Gräfin. Und dem Buch fehlte das Mittelstück. Die mittleren zweihundert Seiten des dicken Schinkens waren weg. Daher musste ich die arme Gräfin verlassen, als sie gerade in der Gefangenschaft von russischen Mönchen der satanischen Sorte gewesen ist. Und auf der nächsten vorhandenen Seite war die Gräfin in Paris und die Mätresse eines reichen Grafen. Wie die Gräfin vom Kloster-Gefängnis nach Paris entkommen sein könnte, das beschäftigte mich sehr, Hunderte Geschichten dachte ich mir aus, zufrieden war ich mit keiner.

Mein Kinderglaube daran, dass nach dem Krieg die herrliche Sozialdemokratie kommt und alle Nazis bestraft werden und es uns endlich richtig gut gehen wird, war auch zerstört. Der Einzige, der meiner Meinung nach bekommen hatte, was er verdiente, war der Blockwart. Der hatte in den letzten Kriegstagen einen Kopfschuss abgekriegt, und

Beim Herbstausflug: meine Mutter

davon nach einer verpfuschten Operation einen narbigen »Trichter« mitten auf der Stirn behalten. Den schaute ich mir immer sehr zufrieden an.

»Schinkensemmeln und Bensdorp« waren ja für mich nur das Symbol für ein Leben in Wohlstand und Glück gewesen. Aber nicht einmal die Schinkensemmeln hatten wir, Extrawurstsemmeln mussten es auch tun. Und die alten Nazis hatten noch immer mehr als wir, die Pension meiner Mutter war winzig, mein Vater reparierte in Heimarbeit Uhren, oft war das Geld so knapp, dass der Großvater aushelfen musste. Wenn in der Schule Sprechtag war, borgte sich meine Mutter von der Gemüsefrau einen Mantel, um sich vor den anderen Müttern nicht zu genieren. Mein Vater hatte gar keinen Mantel, nicht einmal einen Anzug. Bloß

… und meine Eltern

ein paar Vorkriegshosen und Hemden. Die meiste Zeit trug er einen Overall.

Dass es uns so ging, war ungerecht und empörte mich. Aber ich schämte mich auch dafür, und die Scham war größer als die Empörung. Den Schikurs zum Beispiel konnten meine Eltern nicht bezahlen. Ich hätte trotzdem mitfahren können, weil der Betrag, den die Kinder einzahlten, so berechnet war, dass sich noch ein »Freiplatz« für eine Bedürftige ausging. Als ich merkte, dass meine Mutter in die Schule gehen wollte, um den Freiplatz »zu ergattern«, erklärte ich, dass ich Schifahren »wie die Pest hasse« und nicht mitfahren wolle. Der Demütigung, als »Freiplatz« entlarvt zu werden – denn meine Mitschülerinnen rätselten, wer von uns den Freiplatz wohl brauchen würde –, wollte ich mich nicht aussetzen. War das Stolz? Oder Scham? Wahrscheinlich beides.

Oder: In der ersten Klasse sagte die Eva abfällig: »Im Parterre wohnen doch nur die Hausmeister!« Als sie mich einmal von der Schule heimbegleitete, fragte sie, bei unserem Haustor angekommen: »Wo sind denn eure Fenster?« Dabei schaute sie nach oben.

Unmöglich, ihr zu sagen, dass unsere Fenster um die Ecke im Parterre waren. Ich zeigte zum ersten Stock, zur Donner-Wohnung rauf.

»Und wie viele gehören euch?«, fragte sie.

Jetzt kam es schon nicht mehr drauf an, ich sagte: »Alle auf der Seite!«

Die Eva nickte, war ja nichts Besonderes für ein Mädchen, das in einer 6-Zimmer-Wohnung lebte.

Ein paar Wochen später stand ich in unserer Küche und schmierte mir ein Brot. Die Wohnungstür war offen, denn meine Mutter tratschte vor den Gangklos mit der Simon.

Ich hörte das Haustor zufallen, Schritte die Stiege rauf und wieder die Stiege runter, dann fragte die Eva meine Mutter: »Wohnt da im ersten Stock nicht die Draxler Christl?«

Meine Mutter sagte ihr, wo die Draxler Christl wohnte, die Eva kam mit dem Mathe-Heft in die Küche und jammerte: »Ich krieg 's vierte Beispiel nicht hin!«

Und ich stotterte: »Wir sind vorige Woche umgezogen, vom ersten Stock runter.«

Mehr als ein »Ach so« war der Eva die Sache aber nicht wert.

Oder: Ich erzählte meinen Freundinnen, dass mein Vater die Matura gemacht habe, und da er ihnen die Mathe-Aufgaben besser erklären konnte als die eigenen Väter, glaubten sie es. Ich gab ihm eigentlich bloß, was ihm in einer gerechten Welt zugestanden wäre!

In den ersten zwei Gymnasialjahren war die Eva meine beste Freundin, aber ein komisches Mädchen war sie schon. Ihr Lieblingsthema war Sex, der mich wenig interessierte. Im Gegensatz zu anderen Kindern hatte ich nie an den Storch geglaubt, hatte immer gewusst, dass die Babys im Bauch der Mutter wachsen und wie sie zur Welt kommen. Wie sie in den Bauch reinkommen, wusste ich nicht.

»Das erzähl ich dir, wenn du größer bist«, hatte meine Mutter gesagt. Diese Antwort war mir zwar blöd vorgekommen, aber es interessierte mich nicht so sehr, dass ich weiter nachgebohrt hätte.

Die Eva erzählte mir erstaunliche Sachen. Von Gummiknutscherln – sie meinte Kondome – redete sie, und wenn sich die verschieben, kriegt die Frau so ein Kind wie »die Adi mit dem schiefen Gesicht«. Und wenn der männliche Samen aus einer geraden Anzahl von Kugerln besteht, wird es ein Bub, bei einer ungeraden Anzahl entsteht ein Mädchen.

Einmal flüsterte sie mir kichernd ins Ohr: »Heut hab ich den Papa nackt gesehen!«

»Hab ich schon oft«, sagte ich.

Und sie drauf: »Du Schwein!«

Irritiert durch ihre Theorien klärte ich mich selbst auf. Mit »Platens Neue Heilmethode«, Band 4. Da gab es als dicken Anhang »Sexualperversionen« mit Fallstudien. Von den Perversionen schloss ich auf die Normalität. Viel Unsinn stand bei Herrn Platen natürlich auch, etwa der, dass die Periode der Frau zwei Tage dauere, bloß bei Prostituierten und Frauen, die schon viele Kinder geboren haben, könne sie eine Woche dauern. Einmal pro Monat fragte ich mich, ob meine Schwester ein medizinisches Wunder sei, denn dass sie weder auf den Strich ging noch viele Kinder geboren hatte, war mir klar. Jemanden um klare Auskunft zu bitten, ging aber sichtlich nicht.

Zur Kriegelstein, zum »Klavier lernen«, musste ich nicht mehr gehen. Das hatte ich durchgesetzt, und darauf war ich stolz. Aber es wird eher so gewesen sein, dass wir uns die Klavierstunden nicht mehr leisten konnten. Vielleicht sah meine Mutter auch ein, dass mein verschüttetes Gehör doch nicht auszugraben war. Und sich selber tröstend, sagte sie oft: »Na, wenigstens die Noten hast du gelernt, das ist fürs Gymnasium auch sehr wichtig!«

Und dass die Zöpfe endlich wegkommen, setzte ich auch durch. Eine amerikanische Highschool-girl-Frisur wollte ich haben. Haare schulterlang, unten leicht nach außen gebogen, vorne Stirnfransen bis zu den Augenbrauen. Ein Bild von meiner Traumfrisur hatte ich mit, als mich meine Mutter zu ihrem Friseur, dem Herrn Pfreger, brachte. Eine Seite aus der »Saturday Evening Post«, die schenkte mir immer die Schön Margit, die über uns wohnte und einen GI zum

Freund hatte. Der Herr Pfreger erklärte, für diese Frisur brauche ich Dauerwellen. Dauerwellen machte der Herr Pfreger noch elektrisch. Von einer Scheibe hingen etwa dreißig Kabel mit breiten Metallklammern. Die Haare wurden auf Lockenwickler aus Metall gerollt, die Klammern kamen auf die Wickler, dann wurde Strom durch die Kabel gejagt, der machte die Wickler heiß und wellte die Haare dauerhaft.

Ich hockte verschreckt unter dem Kabel-Monster, auf meinem Kopf wurde es heißer und heißer, ich hatte keine Ahnung, wie heiß es werden musste, und hielt durch. Endlich kam der Herr Pfreger und befreite mich von den Kabeln und Wicklern, doch da hatte ich schon jede Menge Blasen auf dem Kopf. Der Herr Pfreger versuchte, die Haare auszubürsten, aber sooft er eine Strähne losließ, schnellte sie – päng! – wieder in die Ausgangsposition zurück. Entnervt drehte er mir kurze Stoppellocken, die wie Hundstrümmerln vom Kopf abstanden und band mir zum Trost eine breite gelbe Masche um den malträtierten Kopf. Ich rannte heulend heim. Meine Mutter meinte, Haarewaschen würde helfen. Da brüllte ich erst recht, weil die Blasen dabei aufgerissen wurden.

Das Haarewaschen half natürlich nicht, ich hatte den ersten Afro-Look in Wien und heulte: »So kann ich nicht in die Schule gehen!«

Am nächsten Morgen band meine Schwester den Afro-Look mit je einem Gummiringerl zu zwei klobürstenartigen Dingern über den Ohren. Ich musste damit in die Schule gehen und erwartete, als ich in die Klasse kam, böses Gelächter. Aber es blieb aus.

Mit den Lehrern kam ich ganz gut zurecht. Ich hatte nicht die besten Noten, aber gute. Manchmal sagte eine Professorin aber schon leicht rügend zu mir: »Also von der Schwester der Elisabeth hätte ich mir mehr erwartet!«

Und mit unserem Klassenvorstand, der Deutsch-Geschichte-Professorin, hatte ich ebenfalls hin und wieder Probleme. Etwa, als ich eine Redeübung halten sollte, und mir das Buch »Ostwind Westwind« von Pearl S. Buck dazu auswählte. Das sei kein Buch für mein Alter, erklärte sie und lehnte ab. Dabei war ich so ergriffen von der tapferen Chinesin, die ihrem fortschrittlichen Mann zuliebe ihre auf winzig bandagierten Füßchen aufbindet und Höllenqualen erleidet, bevor sie dann letzten Endes normal wieder gehen kann.

Oder: Ich wusste doch genau, warum es die Französische Revolution gegeben hat! Hatte mir ja Erich Kästner erklärt. Wegen der ignoranten Marie-Antoinette, die gemeint hatte, das Volk solle doch Kuchen essen, wenn es kein Brot habe. Doch als ich in der Geschichtsstunde mein Wissen kundtat, schüttelte sie bloß indigniert den Kopf und ging überhaupt nicht drauf ein.

So etwas wie eine »beste Freundin« hatte ich damals nicht, aber mit ein paar Mädchen aus meiner Klasse war ich oft zusammen. Anscheinend kamen sie nach der Schule gern zu mir heim, weil ich mich daran erinnere, dass mein Vater, wenn wir kichernd und schnatternd in die Wohnung reinkamen, immer grinsend sagte: »Hurra, die Gänse kommen!«

1950 maturierte meine Schwester. Alle meinten, sie solle unbedingt studieren. Sie lehnte ab und sagte: »Mit verhatschten Schuhen studiere ich nicht!«

Der Satz machte meiner Mutter zu schaffen. Bis an ihr Lebensende beteuerte sie immer wieder: »Dabei hat die Liesl nie verhatschte Schuhe gehabt!«

Die Liesl nahm eine Stelle bei Philips an und war bald drauf verheiratet. Sie zog in die 3-Zimmer-Wohnung ihrer

Schwiegereltern und war, vermute ich, froh, endlich »den Zuständen daheim« entronnen zu sein. Und ich atmete auch auf. Niemand mehr da, der am Abend früher ins Bett gehen und das Licht abdrehen wollte. Niemand mehr da, der in aller Herrgottsfrühe Lateinvokabeln vor sich hin murmelte und mir vorschrieb, wie viel Platz mein Schulkram auf dem Tisch einnehmen durfte, und sich aufregte, wenn ich in der Früh zu lange vor dem Waschbecken in der Küche stand. Ich hatte mehr Raum zum Leben!

Von Herrenhaarnetzen, Mönchskutten, die keine waren, schwarzen Radröcken und unfähigen Schneidermeistern

Ab der 5. Klasse war ich dann richtig integriert in der Schule und fühlte mich dort daheim. Weniger bei den Professorinnen, aber in der Klasse. Gut war ich mit allen, viele waren wir ja nicht mehr. Die Hälfte war nach der vierten Klasse ausgetreten und in die HAK oder die Lehrerbildungsanstalt gewechselt. Wir waren neunzehn Mädchen, und das blieben wir bis zur Matura. Die Eva war auch nicht mehr da, die lernte jetzt im eigenen Geschäft. Außerdem hatte ich mich von ihr sowieso längst distanziert. Ihre ewigen Schwärmereien von irgendwelchen Männern hatten mich gelangweilt. Von erwachsenen Männern, nicht von Buben! Von einem Verkäufer in einem Laden ihres Vater hatte sie immer gesagt: »Und er war zwei Jahre in Paris, er hat Pariser Erfahrung, o la la!«

Anderseits hatte sie mit mir »Doktor spielen« wollen, ich hätte der Frauenarzt sein sollen und sie »unten« untersuchen. Und das hatte ich ganz entschieden verweigert. »Doktor spielen« war doch etwas für Fünfjährige!

An den Nachmittagen zog ich meistens mit der Edith herum. Bei der war ich auch gern daheim. Ihr Vater war Polizist und machte sich am Abend oft Brotsuppe. Da hobelte er mit einem ganz scharfen Messer dünne Scheibchen von einem alten Brotlaib und goss siedendes Wasser mit Kümmel und Schmalz drüber. Ihre Mutter nähte in Heimarbeit Herrenhaarnetze. Hinter ihrer Tretnähmaschine türmten sich die braunen Haarnetze mit den Gummibändern dran zu einem riesigen Haufen. Altmodische Männer trugen diese Netze jeden Morgen für eine Stunde, um die »wassergekämmten« Haare schön glatt an den Schädel zu pressen. Sogar Schnurrbartbinden gab es damals noch. Die sollten struppige Schnurrbärte zähmen.

Modisch gekleidet zu sein, war der Edith und mir sehr wichtig. Zu kaufen hätte es wieder fast alles gegeben, aber das Geld bei mir daheim blieb knapp. Bei der Edith ebenfalls. So fingen wir an, unsere Kleider selbst zu nähen. Die Kleider hatten »verrückt« zu sein, also anders als die Klamotten der meisten. Und wir kriegten die Sachen auch gar nicht übel hin. Einmal haben wir uns sogar Filzhüte selbst gemacht. Wir haben alte Herrenhüte waschelnass gemacht, da werden sie weich und formbar. Über Kochtöpfe gezogen haben wir sie dann trocknen lassen und zurechtgeschnitten. Ob ich mit dem Ergebnis je aus dem Haus gegangen bin, weiß ich nicht mehr.

Einen Mantel zu nähen, traute ich mir nicht zu, und an eine Hose wagte ich mich auch nicht. Aber beides hätte ich wahrscheinlich besser hingekriegt als der Schneidermeister Machowec. Die Hose, die er mir machte, war so groß, dass sie mir erst vier Jahre später passte, und der Wintermantel von ihm war überhaupt zum Heulen!

In der »Brigitte« hatte ich einen tollen Mantel gesehen: abfallende, verlängerte Schultern und einen Kragen à la Mary Stuart, rund um den Hals hochstehend. Mit dem Foto aus der »Brigitte« und drei Meter petrolfarbenem Wollstoff gingen wir zum Machowec. Der studierte eingehend das Bild, nickte, machte sich ans Werk und überreichte mir drei Wochen später einen Mantel mit schmalen, geraden Schultern und einem flachen Bubikragen. Und die maßlose Enttäuschung drüber durfte ich mir nicht anmerken lassen, wo doch meine Mutter lange auf den Stoff und den Schneiderlohn gespart hatte.

Dass ich auch einen Mantel nähen konnte, bewies ich mir und meiner zweifelnden Mutter im Jahr drauf. Ich nähte mir den Mantel, den ich schon seit vielen Jahren unbedingt hatte haben wollen.

Kurz nach Kriegsende hatte ich auf dem Bahnhof zwei Männer in sonderbaren Kleidungsstücken gesehen. Ich hielt die Dinger für fremdländische Mönchskutten. Dass dem nicht so ist, merkte ich im Jahr drauf, als der Sohn irgendeines Botschafters, der ins Bubengymnasium ging, auch dieses Kleidungsstück trug. Es war ein Dufflecoat, und ich wollte unbedingt einen haben. Ich glaube, in Wien hätte es damals, auch um viel Geld, gar keinen zu kaufen gegeben. Das Ding war nur in Zeitschriften zu sehen. Also kaufte ich mir zwei Meter fünfzig beigen Stoff, dick und grob wie eine billige Wolldecke, und nähte mir einen Dufflecoat. Mit der Hand! Weil unsere alte Tretmaschine den dicken Stoff nicht schaffte. Alle Nadeln brachen ab. Nachher hatte ich komplett zerstochene Fingerspitzen. Mein Vater schnitzte mir aus Holz Knebel und schnitt für den Verschluss Lederbänder zurecht, und der Dufflecoat wurde zum vielbewunderten Stück.

Jeans konnte ich nicht selbst machen, und keine hautenge, knöchellange Jeans zu besitzen, das schmerzte.

Zeit zu lesen blieb trotzdem. Für mehr Stoff zum Schneidern reichte das Geld nicht, und was hätte ich denn sonst tun sollen, wenn ich daheim war? Fernsehen gab es nicht, Radio war bloß Geräuschkulisse, mein Vater reparierte Uhren oder las, meine Mutter war emsig, mehr als das Nötigste für die Schule zu tun, lag mir nicht. Ich las alles Mögliche und Unmögliche, 600-Seiten-Schinken der trivialen Sorte genauso wie Krimis und Gedichte. Das »Deutsche Balladenbuch« hätte ich schon auswendig hersagen können.

Mein Vater hatte mir erzählt, dass sein liebstes Buch der »Steppenwolf« gewesen sei. Das Buch war beim Bombenangriff kaputtgegangen, und in der Buchhandlung Matzner hieß es: »Vergriffen!« So ging ich in die nächste Filiale der Leihbücherei Last und verlangte den »Steppenwolf« von Hesse.

»Hab ich nicht«, sagte der alte Mann dort. »Aber da hast was Ähnliches!«

Er gab mir ein Buch mit dem Titel »Das Dorf in der Taiga«. Ich nahm es und fühlte mich unverstanden, trotzdem las ich das langweilige Ding.

Aber was ich ganz sicher nicht las, war das kleine Buch, das ich immer in der Manteltasche stecken hatte, und zwar so, dass der Teil des Buches, wo der Name des Autors – nämlich Arthur Schopenhauer – draufstand, aus der Tasche rausragte. Das war – milde beurteilt – eine reine Absichtserklärung!

Einen Sommer lang war ich mit der Edith fast jeden Tag im Gänsehäufel. Dort lernten wir zwei Jus-Studenten kennen, meiner hieß Peter, ihrer Erich. Ich glaube, bis zum Herbst traf ich mich mit dem Peter. Meine Eltern machten sich lustig über ihn. Weil er mich einmal abholte, und als ihm meine Mutter die Tür öffnete, verbeugte er sich tief und sagte: »Hans Peter Breit aus Zwettl!«

Das fanden sie urkomisch, machten es immer wieder nach und lachten drüber. Das war so ihre Taktik! Sie verboten mir das Weggehen und auch das späte Heimkommen nicht, aber sie machten mir meine Bekanntschaften madig! Ich kann mich an keine »Beziehung« erinnern, an der sie nicht etwas gefunden hätten, über das man sich lustig machen musste.

Als der Hans Peter mehr wollte als Händchen halten und Küsschen geben, war die Sache schnell zu Ende.

In der 6. Klasse gingen wir alle in die Tanzschule. Die Konservativeren zum Elmayer, der Rest zum Dick Roy. Die Tanzschul-Uniform für Mädchen waren ein schwarzer Radrock, ein weißes Blüschen und weiße Handschuhe wegen der Schwitzhände. Unter den Radrock gehörte ein steifer Petticoat, zwischen dem Radrock und dem Blüschen war ein breiter schwarzer Gummigürtel. Der Radrock musste aus Taft sein. Wer mehr Geld hatte, bekam ihn aus schwarzem Taft mit einem Schlierenmuster à la Kranzschleife, wir Ärmeren begnügten uns mit schwarz-uni. Die Blüschen waren aus durchsichtigem Nylon und hatten puffige »Schinkenärmel«. Wichtig dabei war, dass man bloß den Durchblick auf je einen Träger pro Schulter hatte. Wer angetan mit BH und Hemd und Kombinesch war, hatte aber pro Schulter drei Träger. Dafür gab es Spezialklammern, welche die Träger zu einem vereinten. Eine trägerlose Korsage wäre natürlich noch viel edler gewesen, aber den Luxus hatte keine von uns.

Aufgereiht wie die Hendln auf der Stange saßen wir im Tanzsaal und warteten, bis die vis-à-vis stehenden Jünglinge uns zum Tanzen holten, und hofften, dass einer von denen, die einem gefielen, kommen werde. Ablehnen durfte man keinen, das war streng verboten. Mein Albtraum war der Herr Schilling. Der war eine Handbreit kleiner als ich und stürzte sich immer so hurtig auf mich, dass er meistens als Erster bei mir war.

Den Radrock nähte ich mir natürlich selbst. Das war eine Heidenarbeit, da musste ich gut sieben Meter Saum »rollieren«. Der steife Petticoat war ebenfalls Eigenbau aus Plastik-Fliegengitter.

Ich mochte die Nylonblüschen nicht, die waren mir zu bieder. Einen dünnen, engen Rollkragenpulli fand ich schi-

Portrait mit 18 Jahren

cker. Doch unter den gehörten Brüste, und ich war vorne flach wie ein Bügelbrett. Meine Schwester hatte – wie man damals sagte – viel Holz vor der Hütte. Und Büstenhalter hatte sie auch. Einer war ein ziemlich steifes Ding mit harten Körbchen, spiralig abgesteppt. Ich probierte ihn an und zog den Rolli drüber, und der »Maidenform-Bra« machte mir eine tolle Vorderfront.

Geht doch, dachte ich, und marschierte in die Tanzstunde. Der kleine Herr Schilling schwenkte mich im Walzertakt links herum, und als er mich losließ, stand nur noch eine Brust spitz nach vorne, die andere war total eingedepscht, wie mit einem sauberen Schnitt amputiert. Ich drückte verzweifelt mit dem Oberarm gegen den Depscher, aber der blieb, wie er war. Am liebsten wäre ich heimgegangen und nie mehr wiedergekommen. Aber dann lief ich aufs Klo und stopfte »Maidenform-Bra« beidseitig mit Klopapier aus. Langsam lernt man eben im Leben, auch Niederlagen einzustecken.

Zum Dick Roy gingen die Edith und ich auch am Wochenende. Da war die »Perfektion« auf dem Programm. Viele Freunde, die jahrzehntelang meine Freunde blieben, lernte ich beim Tanzen in der Perfektion kennen. Etwa den Peter von Tramin, der damals noch schlicht Tschugguel hieß. Auch meinen besten Freund Harry. Freundschaften mit Männern, ganz ohne Erotik, hatte ich immer und habe sie bis heute.

Manche Freundschaften gehen mit einem Riesenkrach zu Ende, manche gehen still und leise zu Ende, meine Freundschaft mit der Edith ging gar nicht zu Ende, wir waren ja noch immer in einer Klasse, mochten uns auch noch, aber sowohl ihr als auch mir waren andere Mädchen wichtiger geworden. Für mich waren das die Poldi und die Andi.

Die Andi war Jüdin und hatte eine grausliche Kriegszeit hinter sich. Von 1938 bis 1945 war sie mit ihren Eltern und ihrem Bruder auf der Flucht vor dem NS-Regime auf dem Balkan gewesen. Jetzt lebte sie mit ihnen in Dornbach, in einer alten Villa in einem riesigen Garten. Die hatten sie von einem im KZ ermordeten Verwandten geerbt. Und ihre Mutter hatte auch eine Gardinen-Fabrik in Wiener Neustadt geerbt, die ihr Vater jetzt leitete.

Die Eltern der Poldi waren begeisterte Nazis gewesen und fanden sich nach dem Krieg im Leben nicht mehr wirklich zurecht. Wider alle Realität hielten sie so etwas wie eine »bürgerliche Fassade« aufrecht, ständig gab es die Hoffnung auf baldigen Geldsegen. Einmal sollte der von einer Doggen-Zucht kommen, einmal von einem Wollgeschäft oder einem Tierfriedhof, oder einem wertvollen Gemälde, das ihnen jemand zu Unrecht weggenommen hatte, oder durch die Produktion von Imker-Helmen.

Ein Judenkind, ein Nazikind und ein Sozikind, das war gar keine üble Mischung.

In unserer Klasse – das habe ich erst viel später erfahren – nannte man uns drei »die Damen«. Weil wir angeblich viel erwachsener waren als die anderen.

Mit der Freundin Poldi auf Schikurs (ca. 1951/52)

Von Schulschwänzern, von kurzer Partei-Arbeit und von der Zuständigkeit für menschliche Entwicklung

Unpolitisch war ich auch damals nicht. Aber in der Schule konnte ich mit niemandem wirklich darüber reden, vor allem nicht vor der Zeit, wo ich mit der Andi und der Poldi gut befreundet war. Meine Freundinnen – außer der Edith – kamen aus Familien, in denen über »Sozialismus« abfällig geredet wurde; zumindest glaubte ich das, und Lust, missionarisch tätig zu werden, hatte ich nie.

Ich wollte aber mit mehr Gleichgesinnten als bloß mit dem Vater und dem Großvater über Politik reden. Also beschloss ich, zu den sozialistischen Mittelschülern zu gehen. Von denen hatte ich in der Arbeiter-Zeitung gelesen. Wo die ihr Büro hatten, suchte ich mir aus dem Telefonbuch raus.

Ich ging in die Werdertorgasse und stieg in den 4. Stock rauf. Nicht nur die Mittelschüler, auch der VSStÖ logierte dort. Ich stand vor der Eingangstür, von drinnen hörte ich Stimmen – und traute mich nicht hinein. Unter Menschen, die ich kannte, konnte ich – wie man in Wien sagt – »unhamlich goschert« sein, aber zu Leuten, die ich nicht kannte, den simplen Satz: »Guten Tag, ich möchte bei den Mittelschülern Mitglied werden« zu sagen, das ging, weiß der Himmel warum, sichtlich nicht. Ich bastelte vor der Tür an Sätzen für den optimalen Eintritt – oder Auftritt? – herum, da wurden die Stimmen lauter, Schritte näherten sich der Tür, und ich machte kehrt und wieselte blitzschnell die Treppe runter. Auf die Idee, dass die Personen hinter der

Tür sich über ein neues Mitglied scheckig gefreut hätten, kam ich gar nicht.

Daheim erzählte ich, dass bei den sozialistischen Mittelschülern »niemand daheim« gewesen sei.

Mein Vater sagte: »Menscherl, was gehst denn auch zu den Mittelschülern? Wieso gehst denn nicht in die Sektion?« Dass er dabei hämisch grinste, mag eine Unterstellung von mir sein. Aber dass einer, den man 1934 wegen Linkslastigkeit aus der Partei geworfen hatte, reinen Herzens den Gang in die »Sektion« empfahl, glaube ich nicht.

Jedenfalls ging ich brav hin. Die Sektion war in der Ottakringer Straße, Ecke Bergsteiggasse, im Hinterzimmer vom Wirten. Da traute ich mich hinein, ich kannte den Wirten, ich hatte dort als Kind schon oft Bier im Krug geholt.

Eine unserer Latein-Professorinnen war, zu meiner Verblüffung, auch dort. Sie war sehr klein und hieß Kohl. Wir nannten sie »das kleine Gemüse«. Das »kleine Gemüse« war ein bisschen verlegen, als sie mich sah. Ich wurde für nächste Woche, weil da Nationalratswahlen waren, als Strichlerin eingesetzt.

Die Strichler saßen am Wahltag im Hinterzimmer vom Wirten und bekamen laufend aus dem Wahllokal Listen, aus denen zu ersehen war, wer noch nicht gewählt hatte. Dann beratschlagten die grätzlkundigen Genossen, ob ein Noch-nicht-Wähler eher ein Roter oder ein Schwarzer sein könnte. War es ihrer Meinung nach ein Schwarzer, ließ man ihn in Frieden, war es ein Roter, ging ein Genosse zu ihm nach Hause, um ihn zur Stimmabgabe zu animieren.

Bei dieser Wahl verlor die SPÖ, und wir gingen alle geknickt zum Parteilokal am Elterleinplatz. Der Saal, in dem der Franz Olah dann eine Rede hielt, war mit Möbeln aus dem Schloss Schönbrunn ausgestattet. Weiß mit Gold. Von der Olah-Rede habe ich nur mehr in Erinnerung, dass er wetterte, Wien sei der »Wasserkopf« der Partei.

Jedenfalls hatte ich genug von der »Parteiarbeit«, in der Sektion war ich nie mehr.

Manchmal schwänzte ich auch die Schule. Eine notorische Schwänzerin war ich aber nicht, weil ich nicht wusste, wohin ich an dem freien Vormittag gehen sollte. Dass ein Mädchen allein in ein Kaffeehaus geht, war erstens damals nicht üblich, und zweitens hätte ich kein Geld dafür gehabt. Einmal war ich drei Stunden im Nonstop-Kino am Graben und habe mir zehnmal – im Kreis herum – drei Wochenschauen angeschaut, weil es draußen geschüttet hat. Im Sommer hätte ich daheim sagen können, dass ich gleich nach der Schule mit Freundinnen ins Gänsehäufel fahre, hätte mein Badezeug einpacken und, statt in die Schule zu gehen, mit dem C-Wagen nach Kaisermühlen fahren können. Aber das Gänsehäufel ohne Freundinnen gefiel mir auch nicht.

Ich schwänzte nur aus taktischen Gründen. Wenn ich in einem Gegenstand zwischen zwei Noten stand und der Meinung war, die drohende Schularbeit könnte meine Note negativ beeinflussen, blieb ich vernünftigerweise dieser Schularbeit fern.

Ich hätte dafür wahrscheinlich auch von meiner Mutter eine »Entschuldigung« bekommen können, aber erst nachdem sie mir einen Vortrag gehalten hätte. Den wollte ich mir ersparen, und so luchste ich ihr Blanko-Unterschriften ab, was nicht weiter schwer war, weil meine Mutter drauf schaute, dass ich immer rechtzeitig in der Früh aus dem Haus ging und total nervös wurde, wenn ich mir zu viel Zeit ließ. Wollte ich eine mütterliche Unterschrift, brauchte ich für alles ewig lang, und sie wurde immer nervöser und nervöser und jammerte: »Du kommst noch zu spät! So beeil dich doch!«

Ich tat, als würde ich mich beeilen, stopfte noch irgendwas in die Schultasche und zog dann, als würde ich mich erst jetzt dran erinnern, ein leeres Blatt Papier raus und sagte: »Hätt ich glatt vergessen! Du musst mir da noch was schreiben!«

Sie nahm das Papier und fragte ungeduldig: »Ja, was denn?«

Und ich erklärte ihr irgendeinen Unsinn, zum Beispiel, dass sie mit der Einstellung der Schulmilch-Aktion einverstanden sei, und sie schaute auf die Uhr und sagte: »Wennst nicht gleich rennst, kommst zu spät! Schreib das in der Schule selber!«

Dann malte sie eine schwungvolle Unterschrift auf den Zettel, und ich steckte ihn ein und rannte los.

Die Sache funktionierte bis in die 7. Klasse, dann flog sie auf, weil ich drei gehortete Zettel mit Blanko-Unterschriften im Geschichtsbuch deponiert hatte. Unsere Geschichts-Professorin griff zufällig nach dem Buch, um kundzutun, bis zu welchem Kapitel sie nächste Woche zu prüfen gedachte, und da flatterten leider die Zettel aus dem Buch.

Von meinem Vater eine Entschuldigung zu verlangen, wäre mir gar nicht eingefallen, der war einfach nicht zuständig für den Alltag! Er war auch nur ein einziges Mal beim Sprechtag, bei meiner Englisch-Professorin, mit der ich schlecht zurechtkam. Sie sagte zu ihm, dass sie mich in Englisch wohl durch die Matura bringen werde, aber bezweifle, ob sie mich auch »menschlich weiterbringen werde«. Und er sagte drauf arrogant, dass das auch gar nicht ihre Aufgabe sei. Sehr hilfreich war das nicht!

Dutzende Male habe ich mir danach im Bedarfsfall anhören können: »Aber bitte, dein Vater meint ja, ich wäre nicht zuständig für deine menschliche Entwicklung!«

Von der Tante, die gekommen oder leider nicht gekommen ist, vom Aufpassen und vom Vielleicht

Ob die Zeit damals prüde war? Die Sprache war es auf alle Fälle. Kleine Kinder wurden aufgefordert, sich auch »unten« zu waschen. Wie ein Bub seinen Penis nennen sollte, wenn er nicht »ordinär« sein oder ihn »Spatzi« nennen wollte, wusste er nicht. Für die Vagina hatten Hernalser Mamas überhaupt einen irren Ausdruck, nämlich: »Pfui Teixl«, also »Pfui Teufel«.

Als ich erwachsen war und meine Mutter fragte, ob sie es denn für richtig halte, kleinen Mädchen zu suggerieren, sie hätten ein Pfui-Teufel-Ding am Leibe, sah sie mich sehr konsterniert an und erklärte: »Das ist doch eine Wortklauberei, so hat das niemand gemeint!«

Das Wort »Regel« schrieben die Mamas auch nicht auf eine Entschuldigung, wenn die Tochter wieder einmal nicht mitturnen wollte. Da stand dann: »… wegen Unwohlseins …«.

Wir redeten auch untereinander nicht Klartext. »Die Tante ist gekommen«, sagten wir.

Sex war auch unter besten Freundinnen ein Tabu-Thema, da gab es nur Andeutungen.

Doch als wir dann schon Freunde hatten, mit denen wir »schliefen«, war natürlich die Angst, schwanger zu werden, ein Thema. Außer Kondomen gab es ja keine Verhütung, und Kondome benutzten die wenigsten. Wir hatten blödsinnig romantische Vorstellungen vom »Liebesakt«, und den mit der Forderung anzufangen oder zu unterbrechen, der junge Mann möge ein Kondom benutzen, hätte doch die ganze Stimmung zerstört!

Unsere Mütter waren da nicht hilfreich. Meine erklärte bloß, »das dürfe ich erst nach der Matura« tun, aber andere gaben als einzigen Hinweis: »Dass du uns ja mit keinem Kind heimkommst!« Oder noch netter: »Falls du mit einem Kind heimkommst, bist du nicht mehr unsere Tochter!«

Außerdem war meine Mutter doch selbst völlig falsch informiert, wenn es um Verhütung ging. Wurde eine Frau ungewollt schwanger, war für sie der Mann schuld, weil der eben nicht »aufgepasst« hatte. Dass dieses »Aufpassen« sehr oft gar nichts nützt, wusste sie nicht, und sie war auch bis ins hohe Alter nicht bereit, es mir zu glauben.

Und so zitterten wir uns eben von Monat zu Monat durch und teilten uns deprimiert mit, dass die Tante immer noch nicht gekommen sei, oder glückstrahlend: »Die Tante ist da!«

Dem einzigen jungen Mann in meinem Freundeskreis, der stets Kondome bei sich hatte, dem Peter Tschugguel, wurde nachgesagt, dass er noch nie mit einem Mädchen im Bett gewesen sei. Er griff gern in die Sakkotasche, als ob er ein Taschentuch rausholen wollte, zog dann ein verpacktes Kondom raus und murmelte, verlegen tuend: »Oh pardon!«

Der erste richtige Sex? Ich war 16, er war 22. Oder 23? Er hatte eine gute Figur und ein hübsches Gesicht, liebte Jazz und Segelregatten. Das Jus-Studium hatte er aufgegeben und verkaufte – da ihm die Eltern kein Geld mehr gaben – mit einer Keiler-Kolonne quer durch Österreich Zeitschriften. Von Tür zu Tür. War er in Wien, wohnte er noch bei den Eltern. Dass er nicht mehr studierte, sagte ich meinen Freundinnen nicht, er schien mir nicht »herzeigbar« und die große Liebe war es sowieso nicht. Ich dürfte einfach den Wunsch gehabt haben, erwachsen zu sein, und dazu gehörte »die Unschuld zu verlieren«. Und verliebt ins Verliebtsein war ich wohl auch. Aber sehr lange dauerte das nicht, weil die Umstände entspannten Sex überhaupt nicht zuließen, es gab dafür keinen geschützten Ort. Bei mir daheim war es genauso unmöglich wie bei ihm daheim. Es wäre damals sogar unter »Kuppelei« gefallen, hätten Eltern das zugelassen. Man redete von »sturmfreier Bude«, aber wer hatte die schon? Wald-und-Wiesen-Sex lehnte ich strikt ab, auch ein Stundenhotel fand ich unter meiner Würde. Hernalser Jugendliche, die lockerer mit diesem Problem umgingen, hatten Sex hinter dem Haustor, zwischen den Fliederbüschen im Park oder in der Umkleidekabine vom Schwimmbad. Alles, alles unter meiner Würde! Und in aller Hast die Zeit zu nutzen, wenn die Eltern im Kino waren oder spazieren gingen, und immer zu lauschen, ob sie nicht doch zu früh zur Wohnungstür reinkamen, war auch nicht mein Traum von Erotik.

Fazit: Er bedrängte mich, ich wehrte ab! Doch das war eigentlich damals ohnehin das übliche Vorspiel. Nach dem gern zitierten Motto: Sagt eine Dame NEIN, meint sie VIELLEICHT, sagt eine Dame VIELLEICHT, meint sie JA, sagt eine Dame JA, so ist sie keine Dame.

Junge Männer hatten es eben damals auch nicht leicht. Echte Weigerung von gespieltem Widerstand zu unterscheiden, überfordert einen unerfahrenen 20-Jährigen wohl etwas.

Nach einem knappen Jahr wollte ich »Schluss machen«, doch da stellte sich heraus, dass er an offener, also ansteckender, Tbc erkrankt war. Er kam auf die Baumgartner Höhe und ich besuchte ihn brav zweimal die Woche.

Meine Mutter, die mich ja schon sterben sah, wenn ich bloß neununddreißig Grad Fieber hatte, drehte komplett durch und machte mir jeden Tag eine Szene. Zwischen der schriftlichen und der mündlichen Matura sagte ich ihm dann endlich, dass es »aus« sei.

Von der ersten großen Liebe, von keinen Tränen und vom Frust, dass es viele Rembrandts ohne Hände gibt

Das Kleid für die mündliche Matura hatte ich mir natürlich auch selbst genäht. Dunkelblau und hochgeschlossen, mit einer rosa-weiß gestreiften kurzen Krawatte. Die Gerti, deren Kleid einen Mini-Ausschnitt hatte, bekam von der Frau Hofrat ein Seidentuch geliehen, um ihre Schlüsselbeine – der Busen war ja nicht einmal ansatzweise zu sehen – vor der Matura-Kommission zu bedecken.

Auf die Matura-Reise konnte ich nicht mitfahren, dazu hatten wir kein Geld. Ich mogelte in der Klasse vor, dass ich in dieser Woche die Aufnahmeprüfung an die Akademie machen müsse, obwohl die erst eine Woche später stattfand. Bemitleidet zu werden, habe ich nie gut ausgehalten.

Aber darüber war ich nicht sehr traurig. Ferien, so lange wie noch nie, von Mitte Mai bis Mitte Oktober, lagen vor mir. Die Matura hatte ich hinter mir, die Aufnahmeprüfung an die Akademie hatte ich bestanden, den armen Kerl auf der Baumgartner Höhe war ich los, ich fühlte mich befreit, es ging mir gut. Viel zu lesen, war für mich weiter sehr wichtig. Ich hatte Kurt Tucholsky entdeckt und war ihm – ich kann es nicht anders ausdrücken – verfallen. Er wurde meine oberste Lese-Instanz. Ich las nicht nur jeden Satz von ihm, dessen ich habhaft werden konnte, und kannte viele seiner Gedichte auswendig, ich las außer Tucholsky auch fast nur, was er in seinen vielen Buch-Rezensionen gelobt hatte, was er spöttisch abgeurteilt hatte, las ich nicht. Und so hatte ich überhaupt niemanden mehr, mit dem ich über

Bücher reden konnte. Wen interessierten denn damals Walter Mehring, Oscar Panizza, Carl von Ossietzky, Walter Hasenclever oder Erich Maria Remarque, um nur ein paar zu nennen? Und wie hätte ich denn mit dem Harry oder dem von Tramin über Thomas Mann oder James Joyce streiten sollen, wenn ich bloß hätte sagen können: »Aber der Tucholsky hat den nicht gut gefunden!«

Ich sah die Welt durch eine Tucholsky-Brille. Und mehr als ein halbes Jahrhundert später glaube ich immer noch, dass das nicht die schlechteste Sehhilfe ist, egal ob es um Politik, Freundschaft oder Liebe geht.

Einen jungen Arzt, einen Vorarlberger, hatte ich auch kennengelernt! Er war gescheit und lustig, sah passabel aus und war in mich sehr verliebt. Aber er war auch sehr »anständig« und sehr katholisch, und damit konnte ich leider nicht wirklich gut umgehen. Nicht, dass ich so versessen auf Sex gewesen wäre, aber dass ein Mann zwar sehr gerne will, es sich aber aus religiösen Gründen versagt und mit aller Anstrengung vorehelich keusch bleiben will, das ging einfach in meinen Kopf nicht rein.

Er träumte oft laut von unserer gemeinsamen Zukunft mit zwei Kindern, ich spielte mit und gab den Kindern Namen. Wenn ich mich recht erinnere: Martina und Andreas. Er war sich sicher, dass wir einmal heiraten werden, ich war mir sicher, dass das nie passieren würde. Als »Braut in Weiß« vor dem Altar zu stehen, das war für mich einfach eine völlig absurde Vorstellung! Gesagt habe ich ihm das allerdings nicht, ich war ja gern mit ihm zusammen, er tat mir gut.

Im Herbst, kurz bevor mein erstes Semester an der Akademie anfing, passierte mir dann meine erste große Liebe. Er war auch aus Vorarlberg und wohnte zusammen mit einem

Kollegen von meinem Jungarzt auf Untermiete bei einem Maler-Ehepaar. Er war knapp über dreißig, war im Krieg noch Soldat gewesen, in russische Kriegsgefangenschaft geraten und als einer der letzten Russland-Heimkehrer zurück nach Österreich gekommen. Jetzt studierte er Maschinenbau, aber er fotografierte viel lieber und machte wunderschöne Fotos. In der Nacht schrie er manchmal im Schlaf laut auf.

Er sei, erklärte er mir, viel zu kaputt für eine Beziehung. Ich verstand es, und es genügte mir bei ihm zu sein. Ich saß sogar zweimal die Woche in seinem geparkten Auto und wartete brav, bis er aus dem Krankenhaus kam, in dem er regelmäßig seine Ex-Freundin besuchte.

Dann erschien eine dralle, blonde Schönheit, die nichts von »gebrochenen Heimkehrern« und »Bindungsunfähigkeit« verstand, und es dauerte nicht lange, bis er mit ihr verheiratet war.

Ich sagte tapfer zu mir: »It was nice while it lasted!«, und marschierte ab.

Wie sehr ich ihn liebte, hat er wahrscheinlich überhaupt nicht bemerkt und gedacht, er sei für mich genauso ein unverbindlicher Zeitvertreib wie ich für ihn. Ich gab mich ja cool, mir sollte keiner anmerken, dass mir etwas sehr naheging.

»Laughing on the outside, crying on the inside« war die Devise, keine Tränen, kein Heulen, kein Geschrei, keine Anklagen! Und diese Art mit Kummer umzugehen, fiel mir auch gar nicht besonders schwer, das musste ich mir nicht erst lang bei amerikanischen Autoren anlesen, das hatte mir auch nicht Tucholsky beigebracht – der hatte mich darin höchstens bestärkt –, das hatte ich mir schön langsam von klein auf antrainiert. Wer in einer winzigen Wohnung groß wird, ständig unter der Kontrolle der Mutter, der lernt mit der Zeit, seine Gefühle zu beherrschen. Es schluchzt sich eben besser allein im eigenen Zimmer, als neben einer Mutter, die jeden Schmerz kleinredet und Sprüche loslässt, wie: »Du wein, wenn ich gestorben bin, da hast dann einen Grund dafür!«

Wer richtig cool ist, sagte ich mir, dem passiert die »große Liebe« gar nicht, der ist davor geschützt. Und diese Top-Coolness, sagte ich mir, schaffe ich garantiert auch noch.

Ich konnte doch mit dem Leben zufrieden sein! Auf der Akademie gab es keinen Stress, mit allen in der Abteilung kam ich gut aus, und finanziell ging es mir besser denn je. Ich bekam 300 Schilling Begabtenstipendium im Monat, davon konnte ich mir Stoff für Kleider und Kosmetik kaufen, auch ein Haarschnitt war drin, und manchmal ein Mittagessen für 3,50 Schilling beim kleinen Wirten in der Biberstraße. Und wollten wir uns etwas ganz besonders Edles leisten, gingen wir in der Mittagspause in die Opern-Grotte und gönnten uns ein Mayonnaise-Ei. Das waren zwei mit Salat umkränzte und mit Mayonnaise übergossene Eihälften auf einem Glasteller, gekrönt mit falschem Kaviar. Den kratzte ich immer weg.

Meine männlichen Studienkollegen waren alle sehr nett und lieb, aber die meisten waren ein, zwei Jahre jünger als ich. Damals brauchte man keine Matura, um an der Akademie zu studieren. Für mich war da nicht einmal ein kleiner Flirt möglich, mir waren damals schon Gleichaltrige zu jung.

»Industrial Design« hatte ich eigentlich studieren wollen. Wahrscheinlich nur, weil mir das so modern vorgekommen war. Aber bald merkte ich, dass es mir wenig Spaß machte, mir den Kopf über formschöne Teesiebe und Kleiderhaken zu zerbrechen.

Dann gab es einen abteilungsinternen Plakatwettbewerb zum Thema »Katzenausstellung«, und mein Entwurf machte den 1. Preis. Das gab mir den Mut, zur Gebrauchsgraphik zu wechseln. Dass ich besser bei den Teesieben geblieben wäre, wurde mir aber bald klar, mein kritischer Verstand setzte sich durch und ich sah ein: Du bist nur ein mittelmäßiges Talent, und mittelmäßig wollte ich nie sein. Außerdem waren mittelmäßige Talente auf der Akademie auch nicht gut aufgehoben, die wären in der »Graphischen« garantiert besser dran gewesen, denn dort ging es weniger um »die hohe Kunst« und mehr um das »Handwerk«. Und ich gehörte halt zu denen, von denen der Präsident der Akademie gern hämisch sagte: »Es gibt viele Rembrandts ohne Hände!«

Schlichter gesagt: Ich konnte einfach nicht gut genug zeichnen, meine Ideen nicht perfekt aufs Papier bringen, und musste ständig mogeln. Aber das Mogeln hat Grenzen. Wer kein Pferd zeichnen kann, bekommt Probleme, wenn er ein Plakat für ein Pferderennen machen soll.

Von diversen merkwürdigen Cliquen, von Lottls Zitterknien und einer sehr umtriebigen Zeit

Hätte ich wohlhabende Eltern gehabt, wäre ich heimgegangen und hätte gesagt, dass ich mein Talent überschätzt hätte und besser ein anderes Studium anfangen sollte: Psychologie oder Soziologie, Zeitungswissenschaft oder Politologie, meinethalben auch Germanistik. Doch das war völlig unmöglich! Zwei Jahre »für nix und wieder nix«, das erschien mir einfach undenkbar. Ich glaube, das war damals auch für Mädchen aus begüterten Familien undenkbar. Entweder man studierte flugs fertig oder man hörte auf und ging arbeiten. Vor allem, wenn man ein Mädchen war. Es gab noch immer reichlich gutbürgerliche Familien, wo die Söhne studieren mussten, und die Töchter, auch wenn sie begabter als ihre Brüder waren, nicht studieren durften.

Also machte ich halt weiter. Und blieb am Morgen immer öfter im Bett, statt auf die Akademie zu fahren und mich mit meiner Mittelmäßigkeit zu konfrontieren. So sehe ich das mehr als ein halbes Jahrhundert später, damals war mir das sicher nicht so klar, ich hätte wohl behauptet, dass ich »verschlafen« hätte, weil ich in der Nacht zu lang unterwegs gewesen war. Und »unterwegs« war ich jede Nacht.

Wo und mit wem? Genau weiß ich das nicht mehr. Allein für das, was mir von diesen Nächten noch in Erinnerung ist – und das ist sicher nur ein kleiner Teil –, würden eigentlich die Nächte etlicher Jahre nötig sein. Aber es können, wenn ich nachrechne, nur ein Jahr und zwei, drei Monate gewesen sein.

Ich war in diversen Cliquen unterwegs. Mit der Kriemhilde aus meiner Kinderzeit, dem Lottl, ging ich ins Tabarin und die Adebar tanzen. Das Lottl war Schneiderin geworden und hätte vom Hals bis zu den Zehen ein Sophia Loren-Double sein können. Sie war ein begehrtes Objekt von Männer-Sehnsüchten, und ich war kaum mehr als ihr Anhängsel. Das störte mich nicht, ich habe schon immer gern zugeschaut und zugehört und neugierig beobachtet, wie sich Menschen verhalten. Richtig eingeschätzt habe ich die jungen Herren, die hinter dem Lottl her waren, allerdings nicht immer. Da war zum Beispiel einer, der oft mit einem Veilchensträußlein vor der Tür der Hausmeisterwohnung vom Lottl stand. Das Lottl und ich lachten über ihn, fanden ihn linkisch, hilflos und unbedarft. Er hieß Konrad Bayer.

Oder der komische kleine Mann, für den sich das Lottl von mir flache Schuhe borgte, damit sie ihn auf ihren üblichen 10 cm hohen Stöckeln nicht kopfhoch überragte. Doch als er sie von daheim abholte, schaute er indigniert auf das flache Schuhwerk und ersuchte das Lottl, ihre üblichen High-Heels anzuziehen, weil er nur richtig große Frauen mochte. Roman Schliesser hieß er.

Ich lernte da – ahnungslos – viel spätere Prominenz kennen. Sie lernten mich nicht kennen, vermute ich. Ich blieb ja immer dezent im Hintergrund.

Das Lottl übrigens, war unglücklich verknallt in den Willy Meerwald, der im Tabarin Trompete – oder wars Posaune? – spielte. Dermaßen verknallt, dass sie laut eigener Aussage »zittrige Knie« bekam, wenn sie an ihm bloß vorbeiging. Doch die kniezittrige Sehnsucht, vom Willy Meerwald wenigstens wahrgenommen zu werden, hinderte das Lottl nicht daran – wie sie es nannte –, »auf den Putz zu hauen«. Und dazu reichten die Adebar und das Tabarin nicht. Sie brachte mich in eine Clique von wohlhabenden Herren, die gern feierten. In Wohnungen, in der Trummelhof-Bar, im Hotel Orient, auch in Thallern in der Backhendl-Station und an etlichen anderen Orten. Da waren: ein Rechtsanwalt, ein Kameramann, ein Kleiderfabrikant, ein Steuerberater, ein Bäckereibesitzer, ein sehr adeliger Diplomkaufmann, ein Gymnasiallehrer und ein Speditionschef. Der Rest ist mir entfallen.

Bei den Partys war die einzige Droge Alkohol, die aber reichlich. Doch machten die Herren illegale Autorennen in der Nacht in der Neunkirchner Allee, blieben sie nüchtern.

Lottls Anhängsel war ich in dieser Clique nicht. Im Gegenteil, die Herren waren verblüfft darüber, dass ich keines ihrer üblichen »Dummbauchis« war, sondern ihnen, zumindest was Bildung betraf, mehr als ebenbürtig. Das hatten sie in ihrer Clique noch nicht gehabt.

Ich war kein »Hase«, sondern Cliquen-Mitglied. In Lokalen haben die Herren natürlich trotzdem für mich bezahlt. Von meinem Stipendium hätte ich mir doch nicht zwei Whiskys on the rocks in der Trummelhof-Bar leisten können.

Den Ausdruck One-night-Stand kannte man damals noch nicht, den Tatbestand sehr wohl. Ich bezweifle auch, dass er in den 50er-Jahren seltener stattfand als heutzutage, man redete bloß nicht darüber. Es ist eben, wie bei anderen Fragen der Moral auch: Zuerst ändert sich das Verhalten der Menschen, dann kommt die gesellschaftliche Akzeptanz hinterher.

Als abendliches Kontrast-Programm hatte ich meine alten Freunde. Den Harry, den Max, den Tschugguel, der zum »von Tramin« geworden war, den Apotheker und noch ein paar andere. In diese Clique passte das Lottl gar nicht. Einmal nahm ich sie mit, aber das Lottl fand, dass meine Freunde »echt nichts hermachten«, und die wiederum staunten das Lottl höflich an und wussten mit ihr genauso wenig anzufangen wie sie mit ihnen.

Verbrachte ich den Abend mit meinen alten Freunden, saßen wir im Espresso Signal, wo eine elektrische Eisenbahn an den Tischen vorbeifuhr und die bestellten Espressi brachte. Oder wir hockten im Café Rio, wo die Frau Maslonka servierte. Ihr Ehemann, ein Brunnenmeister, saß auch fast jeden Abend dort. Bis er und seine Ehefrau verhaftet wurden. Sie hatten etliche junge Männer nach vollzogenem Sex mit der Frau Maslonka beraubt, ermordet und im Keller einbetoniert. Und wir waren stolz, einen echten Mörder zu kennen.

Wie ich all diese Aktivitäten unter einen Hut brachte, kann ich nicht mehr nachvollziehen.

Mein Vater, daran erinnere ich mich, sagte einmal: »Frau Tochter, du bist etwas sehr umtriebig!« Und meine Mutter sorgte sich um meine Gesundheit, weil ihrer Meinung nach der Schlaf vor Mitternacht der gesündeste sei, und zu dem kam ich ja nie.

Dann zitterten die Knie vom Lottl nicht mehr, wenn sie am Willy Meerwald vorbeiging, und das Interesse am Tabarin verlor sie auch. Sie hatte sich in ein »Peterl« verliebt.

Eine tolle Boogie-Tänzerin war ich sowieso nie gewesen, und ohne Lottl kam ich mir im Tabarin und in der Adebar verloren vor. Das Anhängsel eines Sophia-Loren-Doubles kriegt eben wenig Aufmerksamkeit ab, wenn es allein auftritt.

In der Herren-Clique tauchte das Lottl nur mehr auf, wenn das Peterl keine Zeit für sie hatte. Und ich fand die Herren auch nicht mehr sehr spannend. Meine alten Freunde waren mir lieber.

Vom Heiraten ohne Familie und Freunde, vom Trafikanten-Beruhigen und vom Kinderkriegen

Traf ich das Lottl, jammerte sie mir vor, dass ihr Peterl ein Psychopath sei, er verhalte sich völlig irre, sie kenne sich bei ihm nicht aus und werde mit ihm Schluss machen, denn er koste sie zu viel Nervenkraft. Und vernünftig wie das Lottl war, tat sie das auch! Doch bevor sie endgültig »Schluss machte«, führte sie mir ihren Psychopathen vor, und da passierte sie mir halt wieder, die große Liebe, vor der sichtlich auch Top-Coolness nicht schützt. Der Kerl schaute genau so aus, wie die große Liebe auszuschauen hat: sehr groß, sehr blond, sehr blauäugig, sehr hübsch. Er war vier Jahre älter als ich, das Studium hatte er aufgegeben, weil er mündliche Prüfungen nicht aushielt. Er lebte allein in einer großen Wohnung, die seiner betuchten Mutter gehört hatte, und verdiente sein Geld mit dem Erzeugen von Lampenschirmen, die seine Tante im Elektro-Geschäft unter der Wohnung verkaufte. Eigentlich war er ein Multitalent, konnte malen, auch ein angefangener Roman mit dem Titel »Der Viereckige« lag in der Wohnung herum, und er hatte jede Menge technischen Verstand.

Kochen konnte ich damals überhaupt nicht. Waren wir zusammen, nährten wir uns von Salami-Semmeln und Kakao. Und ich half ihm beim Lampenschirmbespannen. Aber eigentlich war ich zu schlampig für diese Arbeit. Man musste Plastik, winzig gefältelt, auf ein Lampenschirm-Gestell aus Draht nähen, und ich fältelte nicht akkurat genug.

Seinen reichlich vorhandenen Intellekt beruflich zu nutzen, fiel dem Peter gar nicht ein. Er wollte unbedingt etwas erzeugen und damit Geld verdienen. Kinderspielzeug zum Beispiel: Er machte große Bauklötze aus Styropor, die lackierten wir in den Mondrian-Farben. Irgendwelche hölzernen Manderln zum Zusammenstecken machten wir auch. Jede Menge Prototypen fabrizierten wir. Der Erfolg hielt sich in engen Grenzen.

Frauen hatten für ihn schön zu sein, und wie sie sonst noch waren, interessierte ihn wenig. Und ich war halt nicht schön, sondern bloß hübsch. Außerdem machte er auch mit den Schönen Schluss, wenn sie ihm zu nahe kamen.

Ich begnügte mich wieder mal mit dem Quantum Zuneigung, das er mir geben konnte, und tat alles, um ihm wichtig zu sein. Ich hörte mir am Morgen geduldig seine Träume an und spielte die Analytikerin. Und verstand völlig, dass er Angst vor Bindungen hatte. Im Verstehen war ich immer spitze!

Als ich schwanger wurde, heirateten wir, und er wurde für ein halbes Jahr mein Vormund, weil man damals erst mit 21 Jahren großjährig wurde. Meine Eltern kamen nicht aufs Standesamt, seine Mutter wusste gar nicht, dass er heiratete, sie wusste von meiner Existenz auch bloß durch ihre Schwester, die Elektrowaren-Tante, die mich manchmal zusammen mit ihrem Neffen aus dem Haus gehen sah.

Von der Hochzeit weiß ich nur noch, dass ich ein blaues Leinenkostüm anhatte und dass wir dem blinden Hammondorgel-Spieler Geld gaben, damit er nicht spielte. Und dann kam mein gern fotografierender, nicht eingeladener Rudi-Onkel und gab dem Hammondorgel-Spieler noch mehr Geld, und der spielte mit Inbrunst!

Richtig eingezogen bin ich beim Peter eigentlich nie. Ich war ein paar Tage dort, dann wieder ein paar Tage in Hernals bei den Eltern. Als ich hochschwanger war, blieb ich bei ihnen. Eine Frau mit dickem Bauch wollte ich ihm nicht zumuten! Meine Mutter war glücklich. Sie freute sich auf ihr Enkelkind. Mein Vater enthielt sich jeglicher Stellungnahme.

Das Kind starb kurz nach der Geburt, auf dem Weg von der Gersthofer Frauenklinik ins Kinderspital. Es hatte einen Herzfehler gehabt. Meine Mutter weinte. Wie es mir ging, kann ich nicht sagen, ich weiß nur noch, dass ich das Gefühl hatte, versagt zu haben und bitter dachte: Okay, das kannst du also auch nicht!

Und der Peter machte ein paar Tage lang auf Kopierpapier Kreuze und schrieb drunter: Bullermann der dritte! Er war Bullermann der erste, sein Bruder war Bullermann der zweite. Ich sammelte etliche Stöße von diesen Dingern ein und stopfte sie in irgendwelche Laden.

An die Akademie ging ich nicht mehr zurück. Ich lernte halbwegs ordentlich Maschine zu schreiben und nahm einen Job im Pressehaus am Fleischmarkt an, in der Abteilung, wo die Trafik-Abrechnungen erledigt wurden und die telefonischen Beschwerden von erbosten Trafikanten, die meinten, zu viel bezahlen zu müssen, landeten. Im Trafikanten-Beruhigen war ich spitze, weit besser als die Kolleginnen, denn die nahmen es übel, wenn sie am Telefon wüst beschimpft wurden, mir machte es Spaß. Da auf den wöchentlichen Trafik-Rechnungen nicht der Name des Trafikanten, sondern nur die Adresse der Trafik stand, kannte ich bald sämtliche Trafik-Adressen von Wien. Noch heute, wenn mich jemand nach einer bestimmten Gasse oder

Straße fragt, weiß ich zwar meistens nicht, wo diese ist, aber mir fällt ein: Auf Nummer 12 ist eine Trafik!

Immer öfter schlief ich daheim in Hernals, und kam ich dann wieder zum Peter, fand ich meistens Hinterlassenschaften von anderen Frauen: Armreifen, Ohrringe, Lippenstifte. Ging ich ans Telefon, fragten erstaunte Damen, wer ich denn sei. Einmal saß eine schwarzhaarige Schönheit auf dem Bett, als ich kam, und erklärte mir huldvoll, dass sie am Scheitern meiner Ehe nicht schuld sei, denn: »Hätt er mich nicht, hätt er halt eine andere.«

Warum ich gar nicht auf die Idee kam, der schwarzhaarigen Schönheit zu sagen, sie möge in ihre Schuhe schlüpfen und hurtig die Wohnung verlassen, weiß ich nicht. Wäre wohl nicht cool genug gewesen. Oder war es einfach, weil sie ja recht hatte?

Also ging ich nicht mehr zu ihm. Doch kam er zu mir nach Hernals, um mich zu holen, war völlig klar: Ich gehe wieder mit ihm! Und jedes Mal hoffte ich, dass die Beziehung nun länger als eine Nacht halten werde. Tat sie aber nicht.

So selten die »Heimholungen« auch waren, sie reichten für eine neue Schwangerschaft. Außer Kondomen, die kaum wer benutzte, gab es als Verhütung ja nur die Berechnung der fruchtbaren Tage. So dumm, zu meinen, dass ein Kind unsere Beziehung kitten könnte, war ich nicht. Und ich wollte auch kein Kind. Ich ging halt einfach das Risiko ein! Wer wird denn die große Liebe zurückweisen, bloß weil der Termin nicht optimal ist?

Vom Tschugguel, der zum von Tramin geworden ist, von 29 Schilling Stempelmarken und dem dicken Harry und anderen schrägen Freunden

Meine Mutter war wieder glücklich, denn es war klar, dass ich sie nach den sechs Wochen Mutterschaftsurlaub brauchen werde. Natürlich war ich ihr dankbar, dass sie bereit war, mein Kind zu betreuen. Sie kam mir trotzdem wie das Rumpelstilzchen vor. »Heute koch ich, morgen brau ich, übermorgen hol ich mir der Königin ihr Kind!«

Aber immerhin war ich so erwachsen geworden, dass ich es schaffte, einen Schlussstrich unter meine Ehe zu ziehen. Aus, Ende, keine Chance mehr.

Die Scheidung dauerte zehn Minuten und kostete 29 Schilling Stempelmarken. Wir ließen einen erbosten Richter zurück, der uns »Unreife« attestierte und von Anfang an etwas gegen uns hatte, weil wir uns nebeneinander an eines der zwei Tischchen vor der Richterbudel gesetzt hatten. Einer von uns gehörte zum anderen Tischchen, da wir ja »Gegner« waren. Und dann antwortete ich noch auf die Frage nach dem Termin unseres letzten ehelichen Geschlechtsverkehrs: »Diese Frage ist mir zu intim!«

Ich war nicht einmal 23 Jahre alt, geschieden, hatte ein schönes Baby, wohnte wieder auf Zimmer-Küche-Kabinett bei Mutter und Vater, und verbrachte die Tage damit, auf einer Rechenmaschine zu tippen und den Telefonhörer abzunehmen. So hatte ich mir das Leben nicht vorgestellt. Aber selbst, wenn ich damit zufrieden gewesen wäre, waren da ja noch die Abende.

Mein Vater trat nach dem Nachtmahl den Rückzug ins Kabinett an, weil das Rauchen jetzt im Zimmer verboten war. Das Zimmer war zur Babystube geworden: Stubenwagen, Kinderwagen, Wickeltisch, Windeltrockner, Baby-Badewanne. Radio hören hätte das Baby gestört, grelles Licht auch, nicht einmal die Tretnähmaschine war erlaubt. Ich sah es im Interesse meiner Tochter ein, aber ich hatte auch keine Chance, sie am Abend selbst zu betreuen. Rumpelstilzchen konnte alles besser. Beruhigen, Fläschchen geben, wickeln, baden, Schlaflied singen. Sie konnte es wirklich besser. Ich war überflüssig.
Also ging ich wieder aus. Auf das Lottl musste ich verzichten. Sie war mit einem rundlichen Herrn namens Giovanni nach Mailand emigriert. Die Herren-Clique und ihre Partys interessierten mich nicht mehr. Adebar und Tabarin? Gab es die überhaupt noch, oder hatten die schon zugesperrt? Jedenfalls waren sie ohne Lottl unbrauchbar. Blieben noch die alten Freunde, die sowieso immer am besten zu mir gepasst hatten. Die waren vertraut, gescheit, witzig, auch cool, und jeder auf seine Art ein bisschen meschugge.

Der Tschugguel, inzwischen zum »von Tramin« geworden, hatte geheiratet und einen Baby-Sohn im Alter meiner Tochter. Er wohnte mit Frau und Kind nicht gerade sehr standesgemäß auf Küche, zwei Zimmerchen und Bade-Klo. Das Bade-Klo war eine irre Konstruktion. An einer Klo-Seitenwand war eine Duschtasse montiert, und über der Klomuschel, an der Decke, war die Brause. Wollte man duschen, klappte man die Duschtasse auf die Klomuschel runter und stieg unter Zuhilfenahme eines Schemels drauf. Das Duschwasser rann dann direkt in die Klomuschel durch. Dumm war bloß, dass die Brause nicht immer ganz dicht hielt. Sie tropfte, und wer seine Notdurft sitzend verrich-

Mein Vater in seinem Kabinett (ca. 1955/56)

tete, was damals nur Frauen taten, bekam manchmal nasse Haare.

Von Tramin war immer noch braver Bankbeamter und Freizeit-Dichter, aber sein Adels-Tick hatte sich enorm verstärkt. Von mir wollte er, dass ich ihm sein Wappen male, um es an die Wand zu hängen, zwei mal ein Meter groß sollte es sein. Ich weigerte mich, weil auf dem kleinen Schwarz-Weiß-Foto, das er mir als Vorlage zeigte, unzählige Hermelinschwänze waren.

Sein ehemaliger Zeichenlehrer aus dem Gymnasium tat ihm dann den Gefallen und das riesige Hermelinschwanz-Ungeheuer zierte das vordere der zwei kleinen Zimmerchen. Außerdem hatte er vor, seinen Sohn standesgemäß zu erziehen, worunter er verstand, ihm beizubringen, nicht »Mama«, sondern »Mamaaa« zu sagen, und ihn und die Mamaaa mit »Sie« anzureden. Aber viel Zeit widmete er der Sohnesaufzucht ohnehin nicht. Nach der Bank saß er meistens dichtend im Espresso 3/4 in der Neustiftgasse, unserem üblichen Treffpunkt, und wartete auf ein Opfer, dem er vorlesen konnte, was er gerade geschrieben hatte. Doch hatte man diese Tortur hinter sich gebracht, konnte man ganz unterhaltsam mit ihm quatschen.

Der Harry, auch früher nicht sehr schlank, war gerade dabei, sich eine dicke Fettschicht anzufuttern. Seine Wirtshaus-Doppelportionen finanzierte er vom Schmerzensgeld, das ihm eine Versicherung nach einem Unfall ausbezahlt hatte. Er studierte nicht mehr, Job hatte er gerade auch keinen. Sein Intelligenzquotient war enorm, sein Phlegma auch. Er wohnte noch bei seiner Mutter und neigte dazu, bis zum Nachmittag im Bett zu bleiben, unter einer dicken Tuchent ohne Überzug, empfing aber dort Besuche, wenn er bei Laune war. Manchmal war auch seine Freundin, die Inge, genannt Eusche, unter der Tuchent.

Klingelten wir an der Wohnungstür, öffnete die Mutter. Fragten wir, ob der Harry daheim sei, tat sie, als ob sie es nicht wisse – dabei hatte die Wohnung bloß zwei Zimmer – und rief: »Harry, bist du da?«

Und erst, wenn der Harry »Ja!« brüllte, ließ sie uns eintreten. Brüllte er »Nein!«, mussten wir wieder abziehen.

Sein jüngerer Bruder teilte das Zimmer mit ihm, doch der war selten daheim. Der war gelernter Spengler, verdiente sein Geld jedoch mit Kartenspielen in Gürtellokalen. Seine Mutter nannte der Harry »Mutterweib«, was aber absolut nicht böse gemeint war.

Das Mutterweib hatte eine Handstrickmaschine und strickte darauf in Heimarbeit Jacken und Pullover. Der dazugehörige Vater war schon lange abhandengekommen und hatte, glaube ich, auch nie Alimente bezahlt.

Warum der Harry nicht mehr Zeitungswissenschaft studierte, weiß ich nicht. Ich fragte ihn auch nie danach. Sicher hätte ich bloß als Antwort bekommen: »Weil doch eh alles wurscht ist!«

Der Max, ohnehin nie ein Lauter, war sehr still geworden. Er hatte ein Jahr Gefängnis für Versicherungsbetrug hinter sich. Betrogen hatten zwar zwei Freunde von ihm, aber er war zweimal zur Bank gegangen und hatte das ergaunerte Geld für die Freunde abgehoben und war nicht nur haftbar für das kleine Taschengeld gewesen, das er dafür bekommen hatte, sondern für die ganze abgehobene Summe. Sein Vater hat seine Ersparnisse geopfert, damit der Sohn die Schulden loswurde. Jetzt war der Max in einem Reisebüro angestellt.

Und der Egon, ein junger Apotheker und früherer Klassenkollege der drei, gehörte auch dazu. Hatte er Nachtdienst, saßen wir gern bei ihm in der Apotheke. Er war Spezialist für practical jokes.

Eine aufwendige Angelegenheit. Da bekam zum Beispiel ein erstaunter Mensch eines Tages eine Postkarte mit dem Text: *Your sand is coming.*

Abgestempelt etwa in Süditalien. Die nächste Karte mit gleichem Text kam aus Norditalien, und wieder die nächste aus Klagenfurt, dann aus Wiener Neustadt und schließlich eine aus Wien: *Your sand comes tomorrow!* Und tags drauf stand ein kleiner Sack Sand vor der Wohnungstür.

Der Egon machte sich die Mühe, die diversen Postkarten an Freunde und Bekannte im Ausland und Inland zu schicken, und sie zu bitten, die Dinger zum passenden Termin nach Wien zu senden, nur um einen ratlosen Menschen zu verwirren. Wir fanden das damals ungeheuer witzig.

Alle vier waren früher Science-fiction-Fans gewesen, der Max und der Egon waren es noch immer, doch seit sich der von Tramin geadelt hatte, war Heimito von Doderer sein Idol, und der Harry las alles, was ihm in die Hände kam, und zwar rasend schnell. Er hatte sich eine Schnelllese-Methode antrainiert, jede Seite von links oben nach rechts unten, und jede Zeile auf einen Blick erfassend. Wozu ein normaler Mensch zwei Minuten brauchte, das schaffte er in weniger als einer.

Von einer Jungdichter-Lesung mit Folgen, der Frau Hawelka und einem Haus in der Kurrentgasse

Einmal nahm mich der von Tramin zu einer Jungdichter-Lesung mit. Sie fand in einer Wohnung statt. An die fünfzehn junge Leute, männlich wie weiblich, lasen einander aus ihren neuesten Werken vor. Mir war unheimlich langweilig. Neben mir saß ein junger Mann mit Hornbrille und dezentem Afro-Look. Der las nichts vor, der gab nur leise, witzige, sehr zynische Kommentare ab. Nachher begleitete er mich zu Fuß, die letzte Straßenbahn war schon weg, quer durch Wien, von Favoriten nach Hernals, wobei sich herausstellte, dass er auch mit dem Harry, dem Max und dem Egon befreundet war. Den von Tramin kannte er zwar, mochte ihn aber nicht. Verschiedene Freundeskreise haben ja meistens so etwas wie eine Schnittmenge.

Der junge Mann mit dem dezenten Afro-Look hieß Ernstl und kam aus Oberösterreich. Seine Freunde nannten ihn Nö oder »Elu der Neun«, was angeblich irgendetwas mit den Freimaurern zu tun hatte. Zu seinen Eltern, die in einem Dorf in der Nähe von Freistadt Greißler waren, hatte er seit Jahren keinen Kontakt mehr. Das Jus-Studium hätten sie ihm bezahlt, aber Theaterwissenschaft zu studieren, fanden sie sinnlos für ihren Ältesten, von dem die Mutter in der Schwangerschaft geträumt hatte, dass er später einmal Bundespräsident würde. Er ging trotzdem nach Wien, doch zu studieren und gleichzeitig genug Geld zum Leben zu verdienen, das war damals noch schwieriger als heutzutage. Nach zwei Semestern gab er auf, ging nach Linz zurück und versuchte sich in allerhand Berufen. Waschpulver-Vertreter,

Bankangestellter, Zollbeamter, sogar eine Ausbildung bei der B-Gendarmerie, Vorläuferin des Bundesheeres, fing er an. Lang hielt er nichts davon durch, und so kam er nach Wien zurück und versuchte wieder zu studieren. Diesmal Germanistik. Er fand einen Job als Portier in der Jugendherberge in Pötzleinsdorf. Dort gab es noch drei Portiere. Einer war studierter Dolmetsch für mehrere Sprachen und brachte sich in den langen Portiersnächten selbst mit Hilfe von »Krieg und Frieden« und einem Wörterbuch Russisch bei. Einer war der Sohn des letzten Königs der Ukraine, wobei die Regentschaft des Vaters nur einen Tag gedauert hatte. Und der dritte, mit dem war der Nö besonders befreundet, stellte sich gern als »Privatdozent« oder »Privatgelehrter« vor, was insofern seine Berechtigung hatte, als er gern dozierte und tatsächlich ungeheuer belesen und gelehrt war.

Der Nö wohnte in einer WG vom VSStÖ, auf die Uni ging er kaum noch, er wollte vor allem »den Roman des Jahrhunderts« schreiben. Bescheidener tat er es nicht!

Aber mir tat er jedenfalls gut! Nicht nur, weil er mich sehr liebte und mir, wenn ich bei ihm in der WG schlief und um drei Uhr in der Nacht Hunger bekam, noch ein Sandwich aus dem Espresso Konfetti holte, auch weil er blitzgescheit und witzig war, unheimlich vital und dazu noch viel, viel gebildeter als ich.

Dass er ziemlich viel trank, störte mich damals nicht, weil er in trunkenem Zustand nicht unangenehm war. Dann sprang er etwa im Votivpark von Bank zu Bank, was ich nicht einmal stocknüchtern geschafft hätte. Oder er nahm ein kurzes Bad im Brunnen am Neuen Markt. Oder er kletterte am Ring aufs Goethe-Denkmal und rezitierte Heine: »Ja, Zuckererbsen für jedermann, sobald die Schoten platzen, den Himmel überlassen wir, den Engeln und den Spatzen …«

Dass mir einer mein allerliebstes Gedicht vom Goethe-Denkmal runter aufsagte, fand ich wunderschön. Auf Heine hatte mich auch Tucholsky gebracht. Nie wäre ich von alleine auf die Idee gekommen, so etwas »Uraltes« zu lesen, doch als ich es dann tat, war ich hingerissen. Und Caput 1 von »Deutschland, ein Wintermärchen« hatte mich dermaßen begeistert, dass ich es, mangels anderer williger Zuhörer, meinem Vater vortrug. Der hörte zu und sagte nach einer Strophe, die ich besonders liebte: »Tja, aber die Jungfer Europa hat schon bald drauf nicht mit dem schönen Geniusse der Freiheit im ersten Kusse geschwelgt!«

So viel Resignation wollte ich nun doch nicht haben!

Endlich war da einer, mit dem ich über Heine reden konnte, auch über Tucholsky, Klabund, Ringelnatz, Ossietzky und all die, die ich begeistert las. Allerdings musste ich dafür Gottfried Benn aushalten, doch das nahm ich auf mich. Und an den politischen Meinungen vom Nö war schon gar nichts auszusetzen. Die waren »linker« und radikaler als meine, er hielt nicht viel von der Sozialdemokratie, der wollte den Sozialismus, und da ließ ich mich gern von ihm überzeugen.

Außerdem war er mit allen, die damals in den In-Lokalen herumhockten und Großes vorhatten, befreundet. Lauter interessante Leute, Schriftsteller, Maler, Jazz-Musiker, und dazu noch jede Menge schräge Vögel wie den Lyriker Hermann Kopf und seinen Komponistenfreund, die einander ernsthaft im Kaffeehaus mit »Meister« begrüßten.

Er war im Prückel genauso daheim wie im Zwölf-Apostel-Keller und in den Naschmarkt-Lokalen, aber das Hawelka war sein Stammlokal. Er gehörte zu den Lieblingen der Frau Hawelka, weil sie ihre Ausbildung in Gmunden, im Hotel seines Onkels, gemacht hatte. Wenn sie der Nö drum bat, schob sie auch noch nach der Sperrstunde eine

Rein Buchteln ins Rohr. Doch eine oder zwei Runden Birnenschnaps musste man dazu schon bestellen, denn bei aller Liebe behielt die Frau Hawelka ihren Geschäftssinn. Der Nö erreichte sogar, dass Personen mit »Lokalverbot« wie der Hermann Schürrer, der Otto Kobalek oder »das Äugerl« unter seiner Aufsicht wieder ins Hawelka durften. »Das Äugerl« hieß so, weil eines seiner Augen dick und geschwollen aus dem Kopf »raushing«.

Die Frau Hawelka schaute auf ihre sehr spezielle Art sogar, dass ich nicht auf Abwege geriet. Einmal, als ich mit einem ihr unbekannten Mann ohne den Nö im Hawelka saß, kam sie zu mir, beugte sich – als wollte sie flüstern – zu meinem Ohr und posaunte rügend rein: »Darf man vor dem Herrn Doktor da nach dem Herrn Doktor fragen?«

Dann wurde das Vierer-Portiers-Team in der Jugendherberge wegen irgendeiner Verwaltungsreform gekündigt, und der Nö bekam, vermittelt durch einen Freund, einen Job als Portier in einem Stundenhotel. Und war völlig perplex, wie viel Geld er dort nebenbei durch Trinkgeld und Kondomverkauf verdiente. Das dortige Vierer-Portiers-Team war ebenfalls erstaunlich. Nebst dem Nö waren da ein Tierarzt, ein Architekt und ein Flötist. Sie verdienten dort eben viel mehr als in ihren studierten Berufen, denn die Kundschaft bestand hauptsächlich aus Prostituierten mit ihren Freiern, und diese Damen waren sehr spendabel.

Jedenfalls hatte der Nö plötzlich so viel Geld wie noch nie und ging arg sorglos damit um.

Leicht verdientes Geld gibt man auch leicht aus.

Als er den Hotel-Job ein oder zwei Monate hatte, wurde die WG gekündigt, und er brauchte eine neue Bleibe. Die Prostituierten vermittelten ihm ein Zimmer in einer Mansardenwohnung mitten in der Stadt, in der Kurrentgasse 4.

Das Haus gehörte einer alten, immer noch aktiven Hure, die sich in der Kurrentgasse etliche Häuser verdient hatte. Sie war so sparsam, dass sie nicht wie ihre Kolleginnen in den Arbeitspausen im Kaffeehaus saß, sondern in ihrem Volkswagen, und Kaffee aus der Thermoskanne trank. Der Volkswagen-Käfer war ihr ganzer Stolz. Angeblich hatte außer ihr keine Wiener Hure ein Auto. Jeden Sonntag – da hatte sie Ruhetag – parkte sie den Käfer vor der Haustür in der Kurrentgasse und wusch und polierte ihn. Manchmal legte sie sich auf einen Bettvorleger neben das Auto und kratzte Dreck von den Innenseiten der Kotflügel.

Unten im Haus hatte der Ehemann der Hausbesitzerin eine Drogerie. Der Mann war ein unangenehmer Kerl, meistens war er nicht in der Drogerie, sondern stand davor oder trieb sich im Hausflur herum. Ohne dass er eine obszöne Bemerkung machte, kam man nie an ihm vorbei. Und sooft in Wien ein Kind ermordet wurde, kamen angeblich Polizisten und fragten nach dem Alibi des Drogisten.

Zur Mansarde führte eine steile Wendeltreppe sechs Stockwerke rauf. Das »freie Zimmer« war ein Kammerl, kaum zwölf Quadratmeter groß. Es hatte ein Gaupenfensterl und eine Tür mit gläserner Oberlichte, damit ein bisschen Tageslicht ins Vorzimmer fiel. Im Kammerl standen ein quietschendes Eisenbett, ein Tischerl mit Waschschüssel und Elektrokocher, eine »Heizsonne« als lächerliche Waffe gegen die Winterkälte, ein wackliger Sessel und ein Kastl für die Klamotten. Fließendes Kaltwasser gab es im Vorzimmer, das Klo war auf dem Gang vor der Wohnungstür. Billig war das Kammerl trotzdem nicht, es kostete ungefähr ein Drittel von meinem Monatslohn im Pressehaus. So war die Lage am Wohnungsmarkt eben damals.

Ich übernachtete nur ganz selten in dem Kammerl, ich ging lieber nach Hernals schlafen. Substandard war ich ja gewohnt, aber dieses Loch war dermaßen »sub«, dass ich es dort nicht aushielt.

Links vom Kammerl, in einem noch kleineren Raum, wohnten die Frau Kitty und der Herr Gregor. Der Gregor war der Zuhälter der Frau Kitty, halb so alt wie sie und sehr tätowiert, was damals eine Rarität war und auf Gefängnisaufenthalt schließen ließ, wenn man kein Matrose war. Die Frau Kitty hatte eine bienenkorbgroße Farah-Diba-Frisur und alle vier Wochen eine andere Haarfarbe. Kam sie vom Friseur, schlief sie mit einer Klopapierrolle im Genick, um den Bienenkorb auf ihrem Kopf nicht zu ramponieren.

Rechts vom Kammerl wohnte die Helen, sie war Barfrau in der Eden-Bar. Sie hatte, gemessen an den zwei Kammerln, eine Luxuswohnung mit einem großen Zimmer und einer gar nicht so kleinen Küche.

Die Helen war eine unkomplizierte Nachbarin. In der Nacht war sie in der Eden, untertags schlief sie meistens, und war sie munter, legte sie Jazz-Platten auf, und Jazz liebte der Nö. Bevor sie in die Eden ging, schminkte sie sich eine halbe Stunde lang. Sie nannte das: »Ich muss mir ein Gesichterl machen!«

Die Frau Kitty war ein bisschen problematisch. Weil sie nicht mehr die Jüngste war, ging sie erst nach Mitternacht auf den Strich, wenn die Kundschaft schon betrunken und nicht mehr so wählerisch war. Kam sie im Morgengrauen heim, gab es oft Streit mit dem Herrn Gregor, und der konnte sehr, sehr laut werden und in Prügeleien enden, wobei nicht immer der Herr Gregor der Prügler war. Einmal warf sie auch ihren gesamten Hausrat durchs Gaupenfensterl auf die Kurrentgasse runter.

Von Anfang an war klar, dass die Helen nicht mehr lange in der Kurrentgasse bleiben würde. Sie hatte sich eine

Eigentumswohnung gekauft und wartete nur noch, dass diese endlich bezugsfertig war. Der Nö hatte mit dem Drogisten, der sich um die Mieter seiner Ehefrau kümmerte, ausgemacht, dass er das Zimmer-Küche-Quartier nach dem Auszug der Helen bekommen würde.

Nach ein paar Monaten war es so weit. Die Helen zog aus, die Möbel ließ sie zurück, die musste ihr der Nö abkaufen. Die Sachen waren allesamt ungeheuer scheußlich, ein spießbürgerlicher Vorkriegstraum. »Kaukasisch Nuss, Rundbau« hieß die Stilrichtung. Da waren ein riesiges Schrankungeheuer, das man Sekretär nannte, ein Tisch mit vier Sesseln und ein Plattenschrank samt Plattenspieler. Dann gab es noch eine breite Couch und einen wuchtigen Ohrensessel, beide überzogen mit kochsalatfarbenem Leinen. Und ein Koksofen war auch da.

In der Küche stand auf einem Stockerl eine Elektrokochplatte, und an einer Wand war ein kleines Waschbecken mit einem Spiegel drüber, obwohl es kein fließendes Wasser gab. Unter dem Waschbecken stand ein Emailkübel, um das Wasser aufzunehmen, das man aus einer großen Kanne ins Waschbecken reingeschüttet hatte. Sonst war nichts in der Küche.

Der Nö zertrümmerte mit dem Harry und dem Max den Sekretär zu Kleinholz. Das Ungeheuer war nicht in einem Stück über die steile Wendeltreppe runterzubekommen. Kleinholz hätten sie zwar nicht draus machen müssen, aber das Zerhacken machte ihnen Spaß, sie erklärten es zur Performance-Kunst!

Den Tisch und die vier Sessel lackierte ich weiß – schlampig wie ich nun einmal bin, einfach über die hochglänzende Furnier drüber. Und da das Stundenhotel-Geld reichlich floss, hatte der Nö ausreichend Bares, um die Wohnung zu sanieren. Nur war es nicht leicht, Handwerker zu finden, die dazu bereit waren. Die meisten hatten keine Lust, Material in den 6. Stock raufzuschleppen. Doch dann fand sich ein Installateur, der fließendes Wasser und Gas einleitete, und ein Tischler, der vom großen Zimmer eine kleine Küche abteilte. Für damalige Wiener Verhältnisse entstand eine halbwegs passable Wohnung. Das fand auch der Drogist und erhöhte sofort die Miete. Jetzt bezahlte der Nö so viel, wie ich im Monat ohne Überstunden, verdiente. Er nahm es achselzuckend hin. Protest hätte ihm nichts genützt. Er war ja bloß Untermieter, und da konnte der Wohnungsbesitzer verlangen, was ihm beliebte.

Richtig gewohnt habe ich zu dieser Zeit in der Kurrentgasse nicht, ich übernachtete bloß ein-, zweimal in der Woche dort, was am Morgen bequem war, weil ich zu Fuß nur ein paar Minuten von der Kurrentgasse zum Pressehaus am Fleischmarkt brauchte.

Aber ich hatte in Hernals meine kleine Tochter, also wollte ich möglichst oft dort sein, und außerdem war zwischen dem Nö und mir auch nicht immer alles in schönster Harmonie. Er war mit dem Hotel-Job natürlich nicht zufrieden. Geld zu haben, fand er zwar ganz nett, aber er wollte doch »den großen Roman« schreiben, und daran, redete er sich ein, hindere ihn der lästige Hotel-Job. So nebenbei, erklärte er mir, könne ein großer Roman nicht entstehen, da müsse man mit voller Kraft dran arbeiten und könne nicht zwischendurch einen Fulltime-Job abdienen. Mehr, als dass er sich eine Schreibmaschine kaufte, passierte aber nicht. Zusammen mit dem Harry schrieb er ein paar Kurzgeschichten, die in der Arbeiter-Zeitung erschienen. Ich sah das als Erfolg, er tat es als bedeutungslos ab.

Im Hinterhof vor dem Garten der Klein-Brüder

Vom nochmaligen Heiraten und Kinderkriegen und einem Krankenhaus, wie es das heute nicht mehr gibt

Im Herbst 1960, meine Tochter Barbara war noch nicht zwei Jahre alt, wurde ich wieder schwanger. Ein zweites Enkelkind zu betreuen, konnte ich meiner Mutter nicht zumuten. Und weiter im Pressehaus zu arbeiten und trotzdem mit einem Baby zurechtzukommen, mutete ich mir nicht zu. Wo hätte das Baby denn bleiben sollen, wenn ich in der Arbeit war? Kinderkrippen waren so rar wie bezahlbare Wohnungen, keine Chance, da einen Platz zu bekommen. Und gar so gern hockte ich ja auch nicht im Pressehaus hinter der Rechenmaschine, und der Nö verdiente genug, um mich und ein Kind zu ernähren. Also heirateten wir. Gern tat ich das auch beim zweiten Mal nicht, aber mir blieb nichts anderes übrig. Ich wäre als »Lebensgefährtin« nicht einmal krankenversichert gewesen, und wie ich von einer Schulkollegin wusste, die ein »lediges Kind« hatte, mischte sich da auch dauernd die Fürsorge ein und kam Nachschau halten, ob alles in Ordnung sei. Und als sie einen Pass für ihr Kind wollte, musste sie sich von der Obervormundschaft das Einverständnis holen.

Der Nö hatte noch immer keinen Kontakt zu seiner Familie, die wusste also gar nicht, dass es mich gab. Ich lernte die Eltern vom Nö erst kennen, als ich schon fünf Jahre verheiratet war. Meinen Eltern teilte ich mit, dass ich den Nö, den sie nur einmal kurz gesehen hatten, heiratete, sie nahmen es nicht gerade begeistert zur Kenntnis, Lust an der Trauung teilzunehmen, hatten sie nicht, und das war mir recht so.

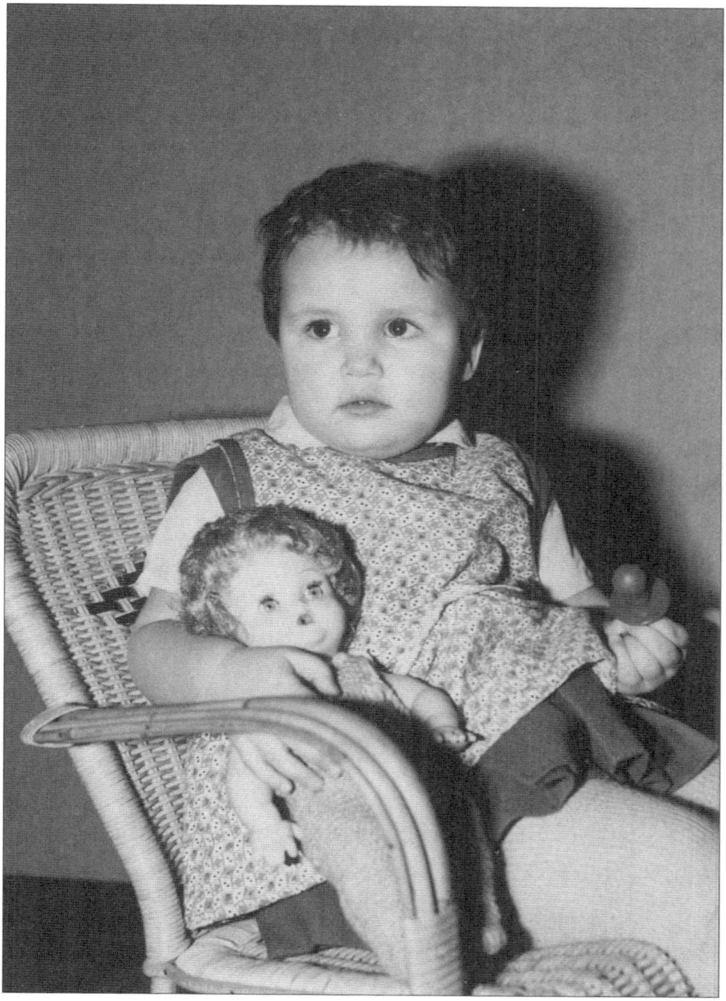

Meine Tochter Barbara (1961)

Meinen Chef im Pressehaus musste ich natürlich informieren. Erstens brauchte ich einen freien Tag zum Heiraten, und zweitens hatte ich hinterher ja einen anderen Namen. Dieser Name störte mich gewaltig. Nöstlinger! Grausiger ging es wohl nicht, ich brauchte Jahre, um mich daran zu gewöhnen.

An die Zeremonie auf dem Standesamt habe ich nicht die klitzekleinste Erinnerung. Ich weiß nicht einmal mehr, wer unsere Trauzeugen waren. Ich erinnere mich bloß an die sehr peinliche Geschichte mit meinen Bürokollegen. Die hatten mir erklärt, dass sie natürlich alle zu meiner Hochzeit kommen würden. Ich traute mich nicht, ihnen zu sagen, dass ich das absolut nicht wollte, und nannte ihnen als Termin 11.30 Uhr statt 11 Uhr. Jedenfalls kam die gesamte Verrechnungsbelegschaft die Treppe hoch, als der Nö und ich aus dem Trauungssaal heraustraten, und ich stotterte irgendwas von »vorverlegter Trauung«. Was sich die armen Leute dachten, weiß ich nicht. Sie haben jedenfalls, als ich wieder ins Büro kam, taktvoll kein Wort drüber verloren.

Mit unseren Freunden feierten wir die Hochzeit ab Mittag in der Kurrentgasse, mit viel Champagner und Whisky. Zu essen hätte es beinahe nichts gegeben. Der Nö hatte beim Kugler am Kohlmarkt, dem besten Delikatessengeschäft von Wien, kalte Platten bestellt, erlesenen Luxus. Die zwei Männer, die das Bestellte auslieferten, kletterten mit ihrer teuren Fracht die Wendeltreppe in dem verlotterten Haus hoch. Als sie im 5. Stock waren, meinten sie, drüber könne doch kein Mensch mehr wohnen, der sich so teure Platten leisten würde, die Adresse müsse falsch sein. Sie machten kehrt. Zum Glück stand der Drogist gerade bei der Haustür, als sie wieder wegfahren wollten, und sagte ihnen, dass sie noch einen Stock höher hätten klettern müssen, und sie traten den Aufstieg noch einmal an.

Ich arbeitete bis sechs Wochen vor der Geburt, dann verabschiedete ich mich für immer vom Pressehaus ohne den geringsten Abschiedsschmerz. Die letzte Wartezeit hockte ich fast immer in Hernals herum, spielte mit der Barbara und strickte Baby-Jäckchen und Mützchen. Mehr als geduldig bis zum errechneten Geburtstermin zu warten, gab es damals für Schwangere nicht zu tun. Dinge wie Schwangerschaftsgymnastik und Geburtsvorbereitung waren noch nicht erfunden. Man ging auch kaum zum Gynäkologen, einmal im dritten Schwangerschaftsmonat, einmal eher gegen Ende. Und den Wassermann-Test sollte man machen, um eine eventuelle Syphilis zu erkennen und als Belohnung das Wäschepaket von der Gemeinde Wien zu bekommen. »Frauensache«, mit der die Väter nichts zu tun hatten, war das Kinderkriegen sowieso. Die Väter hatten bestenfalls nervös vor dem Kreißsaal zu warten, bis eine Hebamme rauskam und ihnen mitteilte, ob sie einen Stammhalter oder eine Tochter bekommen hatten. Aber diese Szene kenne ich nur aus Filmen, in der Gersthofer Frauenklinik war das nicht üblich. Da gab es vor dem Kreißsaal gar keinen Wartebereich. Vielleicht gab es den in Privatkliniken. In Gersthof konnten die Väter ihr Kind erst am Tag nach der Geburt sehen, und zwar durch ein Fenster zum Babyzimmer. Da standen dann mehrere Männer, je nachdem wie viele Geburten es gegeben hatte, und eine Schwester zeigte ein eingewickeltes Baby nach dem anderen kurz her.

Dass ein Mann bei der Geburt seines Kindes dabei sein könnte, war schlicht undenkbar. Auch für uns junge Frauen. Zu stöhnen, zu jammern und zu schwitzen, dieser Zustand war kein Anblick für jemanden, für den man später wieder Objekt der Begierde sein wollte. Wir versteckten ja bereits unsere dicker werdenden Bäuche, solange es irgendwie ging. Die Schwangerschaftsmode war ein Wahnsinn. Da gab es enge Röcke und Hosen, die am Bauch einen U-förmigen Ausschnitt hatten und im Bund ein Gummiband, an das ein Flatter-Teil genäht war. Das Flatter-Teil drapierte man über den Bauch und der solcherart bedeckte Bauch kam ins U-Loch rein. Und drüber wurde eine weite Jacke getragen, die diese Konstruktion verhüllte.

Meine Tochter Christine (die eigentlich auch Christiane hieß) machte mir ihre Geburt leicht. Sie war lang und dünn und sichtlich neugierig aufs Leben. Ohne dass ich viel hätte dazutun müssen, kroch sie aus mir raus. Dabei verdepschte sie sich allerdings ein bisschen den Kopf. Als Freund Harry sie zum ersten Mal sah, fragte er entsetzt: »Bleibt das so?«

Es blieb nicht so, sie wurde schnell ein hübsches Baby.

Als Kassenpatientin eine Woche lang in der Frauenklinik zu liegen, war nicht lustig. In den meisten Zimmern gab es fünf oder sechs Betten. Duschen gab es nicht. Zur Reinigung des Unterleibs kam eine Pflegerin, schob einem die Leibschüssel unter den Po, kommandierte »Beine auseinander!«, und ließ aus einem Blechbehälter mit Schlauch einen halben Liter Wasser runterrieseln. Das war die ganze Hygiene! Und das eigene Baby bekam man auch bloß zum Stillen ausgeliefert. Wollte das Baby nicht mehr an der Brust nuckeln, wurde es hurtig abgeholt und gewogen. Falls es zu wenig getrunken hatte, bekam es ein Fläschchen, und der Mutter wurde in rügendem Ton gesagt: »Sie müssen sich mehr bemühen!«

Vom ersten Tag an hatte ich Fluchtgedanken. Ich glaube, ich blieb diesmal auch nur fünf Tage, dann reichte es mir. Ich unterschrieb einen Revers, ließ mir mein Baby aushändigen, und bat den Portier, mir ein Taxi zu rufen.

Beinahe hätte ich dem Taxifahrer als Ziel die Geblergasse genannt, dann sagte ich aber doch: Innere Stadt, Kurrentgasse.

Vom Pass-Schock und dem Privat-Kaffeehaus ohne Ruhetage und Sperrstunde und von allerlei Männerunglück

Auch wenn man absolut keine Lust hat, über das eigene Leben nachzudenken, kommt manchmal eine lächerliche Kleinigkeit, die einen dazu zwingt. Bei mir war es der Pass. Ich musste eine Namensänderung beantragen, in meinem Pass stand noch immer mein Mädchenname.

Die Passbeamten erledigten das damals noch handschriftlich. Der Beamte strich nicht nur das »Draxler« durch und ersetzte es durch das ungeliebte »Nöstlinger«, er zog auch einen dicken Linealstrich durch »Studentin« und schrieb in Schönschrift drunter: »Hausfrau«.

Das war ein Schock! Am liebsten hätte ich den Pass in den nächsten Mistkübel geworfen. Eine »Hausfrau« hatte ich nie werden wollen, und jetzt hatte ich es schriftlich, dunkelblau auf zartrosa!

Sieht man heute im Fernsehen Werbung aus den frühen 60er-Jahren könnte man meinen, damals hätte eine junge Frau nichts lieber getan, als zu waschen, zu bügeln, Staub zu saugen, zu wischen und den Herrn Gemahl zu verwöhnen, also eine »glückliche Hausfrau« zu sein. Das entspricht nicht der Realität, in der ich lebte. Ich kannte keine Frau in meinem Alter, die freiwillig »Nur-Hausfrau« war. Alle wollten einen Beruf haben und arbeiten gehen. Die zufriedenen »Hausfrauen« gab es nur unter unseren Müttern und Schwiegermüttern.

Angeblich können Schocks oft heilsam sein. Mein Pass-Schock war es nicht, er lähmte mich eher. Im Kopf, nicht in den Händen. Die waren rege und emsig. In der Wohnung erledigte ich zwar nur das Allernötigste, und manchmal nicht einmal das. Konnte schon passieren, dass ich den Boden aufkehrte – Staubsauger hatte ich keinen – und das zusammengekehrte Hauferl nicht auf die Schaufel schob, sondern mitten in einem Zimmer liegen ließ. Und dass man Fenster hin und wieder putzen sollte, kam mir gar nicht in den Sinn, da vertraute ich auf den reinigenden Regen. Aber ich nähte Kleider, ich strickte Pullover, ich lackierte Möbel neu, nähte gar nicht so hässliche Wandteppiche und ich kochte. Kochen lag mir, da ging von Anfang an nie etwas schief. Und alle kamen gern zum Essen in die Kurrentgasse. Ich galt als sehr fleißige, tüchtige Frau.

Vielleicht hätte es ein leidenschaftliches »Muttertier« geschafft, nun die andere Tochter zu sich zu holen. Ich schaffte es nicht. Rumpelstilzchen wollte sie behalten, und das kleine Kind war total fixiert auf seine Großeltern, liebte meinen Vater genauso, wie ich ihn in ihrem Alter geliebt hatte, und brüllte nach der Oma, wenn sie hinfiel oder Angst hatte. Außerdem war die Mansardenwohnung ziemlich untauglich für die Betreuung von einem Baby und einem Kleinkind. Den Kinderwagen musste ich unten im Hausflur stehen lassen, der war nicht über die steile Wendeltreppe nach oben zu kriegen. Aber die Matratze und das Bettzeug konnte ich nicht im Wagen unten lassen. Einmal hatte ich es getan, und eine Stunde später war der Kinderwagen ratzeputz leer gewesen. Ich atmete ja schon erleichtert auf, wenn ich nach dem Abstieg von der Mansarde den leeren Kinderwagen unversehrt vorfand. Konnte auch passieren, dass ich das Baby wieder hochtragen und im Gitterbett deponieren musste, um mit einem Kübel Wasser und einem Wischfetzen runterzulaufen und den Kinderwagen zu reinigen, weil jemand – ich nehme an, der Drogist – reingepinkelt hatte. Dem war das zuzutrauen.

Jedenfalls war es ein mittleres Kunststück, den ganzen Kinderwagen-Kram, dazu einen vollen Einkaufskorb und ein Baby raufzutragen und dabei noch aufzupassen, dass ein Kleinkind nicht die Treppe runterpurzelte. Einmal passierte es tatsächlich, als ich die Barbara in die Kurrentgasse mitgenommen hatte. Beim »Abstieg« stolperte sie und kugelte einen halben Stock weit runter.

Und manchmal ließ der Nachtwächter vom dritten Stock, wenn er volltrunken heim kam, seine Wohnungstür sperrangelweit offen, und seine zwei bissigen Schäferhunde saßen mit angelegten Ohren knurrend in der offenen Tür. Heil an denen vorbei kam man am besten mit einer Knackwurst. Die warf man, gut gezielt, ins Vorzimmer rein. Dann stürzten sich die Viecher auf die Wurst und ließen einen in Frieden.

Außerdem saßen dauernd Leute bei uns herum. Nicht nur die Freunde, die der Nö und ich gemeinsam hatten und die ich gern bewirtete, sondern auch Typen, mit denen ich eigentlich nichts zu tun haben wollte. Und die kamen nicht nur, wenn der Nö da war, die kamen auch, wenn er im Hotel war, oder nebenan nach dem Nachtdienst schlief. Das Kammerl, in dem er zuerst gewohnt hatte, hatten wir dazugemietet, damit er untertags ohne Babygeschrei schlafen konnte.

Wir waren halt die Einzigen, die in der Stadt wohnten, und wurden zum Privat-Kaffeehaus ohne Ruhetag und Sperrstunde erklärt. Dem Nö gefiel es, ich protestierte oft dagegen, ohne Erfolg. Das sei spießig und kleinlich, hielt er mir vor. Oder er sagte achselzuckend: »Dann schmeiß sie halt raus!«

Doch das schaffte ich nicht. So spießig und so kleinlich wollte ich nun auch wieder nicht sein. Und so beherbergte ich unentwegt sehr schräge Vögel und hörte mir die irrsten Geschichten an, spielte die Laien-Therapeutin und behielt sogar die Fassung, wenn der Poldi stundenlang vor unserem Plattenspieler hockte und sich hundertmal hintereinander, immer wieder bis »Sela, Psalmenende«, die gleiche Stelle aus irgendeinem Benn-Gedicht auf einer »Jazz und Lyrik«-Platte anhörte. Nicht einmal, als er, um seinen »Hangover« zu bekämpfen, einen Liter Milch aus meinem Eiskasten trank und gleich drauf Unmengen Topfen in meine Küche kotzte, drehte ich durch. Einmal hockte der Hermann – der Schweizer Lyriker, der von sich dichtete »ich bin einer mit Brüsten nach innen« – einen Tag lang mitten in einem der Zimmer auf einem Sessel und verlangte zunehmend dringlich einen Hut von mir. Weil er in die Synagoge gehen wollte, und da brauchte er ein bedecktes Haupt. Dass ich bloß einen rosa Strohhut hatte, glaubte er mir einfach nicht.

Ein Englischlehrer, ein früherer Studienkollege vom Nö, erzählte mir, dass er im Nebel auf der Reichsbrücke einer Frau begegnet sei. Die sei wortlos mit ihm heimgegangen, in der Früh sei sie weg gewesen, und er wisse genau, dass er in dieser Nacht mit ihr den Erlöser gezeugt habe.

Oder ich musste Anteil am seelischen Jammer eines Malgenies nehmen, das sein Geld damit verdiente, die »Hintergründe« eines erfolgreichen Phantastischen Realisten zu pinseln. Oft versicherte er mir, dass die Kunst ein Dackel mit tausend Haxen sei, und die Benn-Platte legte auch er immer auf. Er zitierte immer wieder seine Lieblingsstelle: »… Blau, Farbe der Introvertierten…«. Sogar die Frage, ob es unter seiner Würde sei, die Kinder eines Fleischgroßhändlers zu malen, klärte ich mit ihm. Seine Ehefrau und seine vier Kinder konnten mit meiner Beratung zufrieden sein.

Und jede Menge Liebesunglück wurde bei mir ausgeweint. Lauter Männerunglück. Frauen kamen ja nicht ins Privat-

Kaffeehaus. Frauen sah ich nur, wenn die alten Freunde zum Essen kamen oder wir gemeinsam ausgingen. Zum Stiedl. Oder zum Weißen Rauchfangkehrer. Dort tafelten wir gutbürgerlich, unter Steireranzugsträgern.

Zum besten Freund vom Nö wurde der Rudi, der Privatdozent. Der hatte jetzt beim Verlag Jugend & Volk einen seriösen Job. Die Abende mit ihm nervten am meisten. Da ging es stundenlang um Hegel und Bloch und Sartre, manchmal auch um Stifter, was ich schon überhaupt nicht kapierte. Seine Freundin und ich hörten seufzend zu und hatten nichts beizutragen. Ich nahm es hin, die Adi protestierte oft. Einmal wagte sie zu fragen, ob wir nicht über etwas anderes reden könnten, über etwas, was uns auch interessierte. Über uns selbst zum Beispiel, und darüber, wie es uns ging. Da wurde sie vom Rudi arrogant abgekanzelt, dass er solche Gespräche hirnlosen Weibern überlasse und sie gefälligst den Mund halten möge.

So hätte der Nö nie mit mir geredet. Aber bereit, über etwas zu reden, was die Adi und mich interessierte, war er auch nicht.

Jedenfalls glaubte ich, meiner in Hernals perfekt betreuten Tochter sei das Leben in der Kurrentgasse nicht zuzumuten. Dass ich es meiner zweiten Tochter zumuten musste, konnte ich nicht ändern.

Also blieb mir nichts anderes übrig, als so oft wie möglich das Baby samt Matratze und Bettzeug zum Kinderwagen runterzutragen, das Gefährt zu Fuß nach Hernals zu rollen, den Tag über bei meinen Eltern und der Barbara zu bleiben und am Abend den langen Marsch zurück anzutreten.

Seine kleine Tochter liebte der Nö wohl. Auf die Art, wie damals die meisten jungen Väter ihre Kinder liebten. Sie lächelten freundlich ins Gitterbett und fragten, wenn das Kind brüllte, besorgt: »Ja, was hat es denn?«

Baden, füttern, Windeln wechseln, herumtragen, das war keine Männersache, und das verlangte auch keine Frau von ihnen, zumindest keine, die ich kannte. Wieso auch mir das ganz normal vorkam, obwohl doch mein Vater all das für mich getan hatte? Mein Vater war eben mit gewöhnlichen Männern gar nicht zu vergleichen!

Da ich gegen die ständige abendliche Belagerung zunehmend protestierte, und der Nö einsah, dass der Kaffeehaus-Betrieb den Schlaf seiner kleinen Tochter störte, ging er, wenn er keinen Nachtdienst hatte, noch mehr aus. Oft kam er erst in der Früh zurück, nicht selten in Begleitung von ein, zwei Kumpeln, die mir galant nette Mitbringsel überreichten – etwa einen riesigen Sack extrascharfer Chilischoten oder eine ganze Steige Zitronen. Was man halt so in aller Herrgottsfrühe auf dem Naschmarkt einem Großhändler abkaufen kann.

Dem Nö ging mein Gejammer wohl ziemlich auf die Nerven. Aus seiner Sicht hatte ich doch überhaupt keinen Grund unzufrieden zu sein. Er liebte mich, er sagte – im Gegensatz zu vielen anderen Männern – kein einziges harsches Wort zu mir, er hielt es für mich im Hotel aus und kam deswegen nicht dazu, den »großen Roman« zu schreiben, er ließ mich doch machen, was ich wollte. Also sollte ich ihn gefälligst auch machen lassen, was er wollte! Und wollte er, im Morgengrauen heimgekommen, noch schnell die im Osten gerade über den Häusern aufgehende Sonne besichtigen, und kletterte – guter Turner, der er war – durch ein Gaupenfenster aufs Dach raus und ließ die Beine von der Dachrinne baumeln, fand er es nicht nur lächerlich, dass ich deswegen in Panik geriet, sondern seine persönliche Freiheit unzulässig beschneidend.

Ich sah mich in eine Falle geraten, aus der es keinen Ausweg gab außer weiterzuwursteln.

Die Christine lernte sehr schnell laufen. Bald brauchte sie keinen Kinderwagen mehr, wir konnten mit der Straßenbahn nach Hernals fahren. Die Kleider, die ich mir bei meiner Mutter auf der alten Tretmaschine nähte, wurden immer perfekter, Pullover strickte ich im Norwegermuster mit acht verschiedenen Farben, meine gebratenen Enten und Schweinsbraten konnten es mit jedem Restaurant-Futter aufnehmen. Unsere männlichen Freunde, die meisten inzwischen auch schon verheiratet, fanden mich ziemlich toll, und manche Ehefrau konnte sich anhören, sie möge nicht klagen, die Christine schaffe das doch alles spielend und sei dazu noch immer gut aufgelegt. Aber das zählte für mich wenig, das war kein Ausweg aus der Falle.

Barbara und Christine im Badeschaffel

Von der engen Kurrentgasse in die breite Ottakringer Straße und von Hoffnungen auf Wohnglück

Mit der Zeit wurden die Gäste im Privat-Kaffeehaus spärlicher. Die meisten waren solide geworden. Sogar der Uzzi Förster verkaufte jetzt Eisschränke auf der Rotenturmstraße. Der Maler lebte in Mallorca und betrieb eine Hendl-Station. Der Hermann war in die Schweiz zurückgegangen, der Werner nach Vorarlberg, ein paar waren verschollen, ein paar leider tot.

Der Nö zog weiter in den freien Nächten herum. Hockte ich mit der kleinen Christine allein oben in der Mansarde, kam ich mir vor wie Rapunzel ohne Zopf.

Wie sich der Nö vorkam, weiß ich nicht. Über sich selbst zu reden, war ja hirnloser Weiberkram! Vielleicht wäre er auch gern wie viele Freunde »solide« geworden, aber wenn man unsolide gut fünfmal so viel verdient wie die Soliden, ist das nicht leicht. Unsere Wohnung kostete doch schon so viel, wie ein solider Normalverdiener im Monat bekam. Er saß genauso in der Falle wie ich!

Um der soliden Existenz etwas näherzukommen, sparten wir auf eine Eigentumswohnung. Der Drogist rückte nämlich einfach keinen Mietvertrag raus, und wir wollten endlich ein Badezimmer. Platz genug wäre unter dem Dach noch gewesen. Aber viel Geld mit dem Ergebnis zu investieren, dass die Miete noch einmal erhöht würde, das wollten wir nicht riskieren. Dazu wurde der obszöne Tick des Drogisten immer unerträglicher. Dauernd rief der Kerl mitten in der Nacht an und erkundigte sich nach unserem Liebesleben. Ob wir es gerade und wie wir es und ob wir nicht vielleicht auch … Den Hörer auflegen, half nicht. Da rief er wieder an. So lange, bis man sich sein Gekeuche und Gestöhne anhörte.

Und bei der Frau Kitty und dem Herrn Gregor ging es auch immer deftiger zu. Einmal knallte sogar ein Schuss. Am nächsten Tag sagte sie zu mir: »Frau Christerl, haben S' das heut Nacht gehört? Ich bin über den Kübel gestolpert!«

Und einmal brüllte sie im gemeinsamen Vorzimmer kreischend um Hilfe. Ich war allein mit der Christine und traute mich zuerst nicht raus. Doch die Hilferufe hörten nicht auf, und so öffnete ich – mit Puls 200 – die Wohnungstür und sah, wie die Frau Kitty den Herrn Gregor mit einem Regenschirm die Wendeltreppe runterprügelte und dabei weiter um Hilfe schrie. Da beruhigte sich mein Puls und ich schloss sachte die Tür.

Die Eigentumswohnung, auf die wir gespart hatten, wurde in der Ottakringer Straße gebaut, weit draußen, eine Station vor der Endstation vom J-Wagen. Ich hatte möglichst nahe der Geblergasse eine Wohnung gesucht. Fertig sollte sie im Sommer 1967 sein, knapp bevor die Christine in die Schule kam.

Alle paar Wochen marschierte ich von der Geblergasse die Ottakringer Straße raus und schaute, wie der Hausbau voranging. Schnell ging er voran, denn es war eines der ersten Fertigteilhäuser von Wien, das da errichtet wurde. Und als die Betonplatten für das vierte Stockwerk montiert waren und ich schon unsere zukünftigen riesigen Fenster sehen konnte, war ich ziemlich glücklich. Irgendwie hoffte ich, nun werde ein besseres Leben anfangen.

Von der feuerroten Friederike, einer paradeisroten Speiszimmerkredenz und dem Jahr 1968

Einer unserer Freunde, ein junger Opernregisseur, hatte Kindergedichte geschrieben und suchte einen Verlag, der ein Buch draus machen wollte. Wie viele Anfänger meinte er, es wäre am besten, die Gedichte bereits hübsch illustriert an Verlage zu schicken. Was ein Irrtum ist, denn Verleger suchen sich die Illustratoren lieber selbst aus.

Weil ich zeichnen gelernt hatte, fragte er mich, ob ich seine Gedichte illustrieren wollte. Ich traute es mir nicht wirklich zu, aber versuchen wollte ich es doch, und zwar still und leise, ohne Zeugen für mein eventuelles Scheitern.

Ich kaufte mir nach vielen Jahren wieder Papier und Stifte und kritzelte, wenn ich allein war, vor mich hin. Beim Kritzeln kam ich auf die Idee, mir selbst eine Geschichte auszudenken, sie aufzuschreiben und dazu Bilder zu zeichnen. Die Heldin der Geschichte hatte ich bereits! Das dicke, kleine rothaarige Mädchen, das ich für die Barbara schon oft gezeichnet hatte. Und dass es dicke, kleine Mädchen mit feuerroten Haaren nicht leicht im Leben haben, war naheliegend. Dass ein Kater zum Mädchen gehörte, auch, weil ich gern Katzen zeichnete. Nur: wie kriegt man für die beiden ein Happy End hin? Man lässt sie in ein Land auswandern, wo es gerecht und freundlich zugeht und niemand unglücklich sein muss. Und weil es weit und breit so ein Land nicht gibt, muss man eines herzaubern, und da das Mädchen ohnehin schon Haare hat, die es nicht wirklich gibt, haben eben diese Haare Zauberkraft!

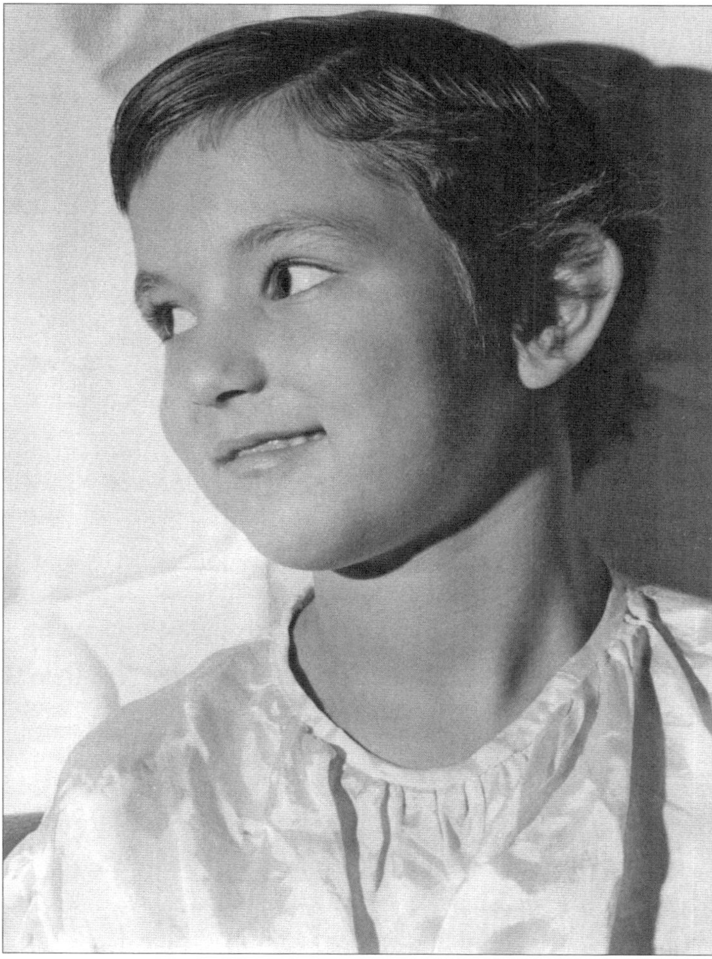

Meine Tochter Christine

So fabulierte ich vor mich hin und das machte mir Spaß. Im Kopf hatte ich die Geschichte längst fertig, und *the story behind the story* auch. Das wusste ich ja aus den unzähligen Abenden, an denen kluge Männer vor mir über Literatur geredet hatten. Eine Geschichte, die etwas taugt, hatte angeblich »zwei Ebenen« zu haben. Meine zweite Ebene war die Utopie vom Land, in dem alle Menschen frei und gleich und daher glücklich sind.

Das Aufschreiben der Geschichte zog sich allerdings, denn ich war streng zu mir. Meine größte Angst war, »sauren Kitsch« zu schreiben, nicht cool genug zu formulieren. Weit länger als ein Jahr bastelte ich am Text der »Feuerroten Friederike« herum. Zu lesen gab ich ihn niemanden. Es war einfach niemand da, der sich für Kinderbücher interessierte.

Mit den Bildern war ich dann schneller fertig.

Als wir im Herbst 1967 von der Kurrentgasse nach Ottakring übersiedelten, lag das Manuskript samt Bildern fix und fertig im Möbelwagen.

Die Frau Kitty verließ übrigens eine Woche, nachdem wir ausgezogen waren, ebenfalls die Kurrentgasse. Und den Herrn Gregor auch. Sie wurde Hausmeisterin und Putzfrau in einem Haus auf dem Rudolfsplatz. Ein halbes Jahr später lief ich ihr, als sie gerade den Gehsteig kehrte, über den Weg. Ich hätte sie nicht wiedererkannt. Graue Haare mit Lockenwicklern, Kittelschürze und karierte Hausschlapfen. Es gehe ihr jetzt sehr gut, sagte sie mir.

Das erste halbe Jahr in Ottakring war ich damit beschäftigt, der Christine vergeblich einzureden, dass ihre Lehrerin kein alter, grauslicher Drache sei, und gleichzeitig die Wohnung einzurichten. Für Möbel, die mir zusagten, reichte das Geld nicht. Vieles kam vom Tandler, und Tandlerware lag ohnehin im Trend. Ich arbeitete, wie stets, mit Unmengen Lack. Der war schon in der Kurrentgasse mein simples Innenarchitektur-Rezept gewesen, bloß hatte mir meine Schlamperei keine langen Erfolge beschert. Reinweiße Möbel auf dottergelbem Boden, das war zwar recht modisch gewesen, aber wenn man über Hochglanzpolitur einfach drüberlackiert und uralten Bretterboden dick einpinselt, blättert die modische Haut schnell ab.

In die Küche kam eine große, alte Speiszimmerkredenz, knallrot gestrichen. Für das Vorzimmer kaufte ich billige, alte Kastln und machte dreidimensionale grafische Objekte mit Schlangenlinien draus. Ein schwarz lackierter Styroporwürfel mit Glasplatte drauf war der Couchtisch, ein Schaumstoffquader, den ich eigenhändig mit finnischem Marimekko-Stoff überzogen hatte, die Couch. Alte Küchensessel in verschiedenen Farben kamen zum Esstisch, einem billigen Büromöbel. Und drei weiße Nachthemden von meinem Großvater nagelte ich an die weiße Wohnzimmerwand. Die Bücherregale bastelte mein Vater.

Der einzige Luxus waren zwei Kinderschreibtische und dazugehörige Ladenelemente aus einem der wenigen Designerläden, die es damals in Wien gab, und ein edles Sideboard aus Schweden. Darin lag auch die Mappe mit der »Feuerroten Friederike«. Sooft der Rudi zu Besuch kam, wollte ich sie ihm geben, damit er sie im Verlag dem Chef-lektor zeigen könnte. Ich verschob es immer wieder aufs nächste Mal.

Irgendwann schaffte ich die Übergabe dann doch. Zwei Wochen später rief der Doktor Leiter vom Verlag an und sagte mir, dass das Manuskript, so wie es war, ohne irgendwelche Änderungen, erscheinen würde. Natürlich noch nicht in diesem Jahr, sondern im nächsten oder übernächsten.

Hätte mir der Doktor Leiter einen freundlichen, ablehnenden Brief geschrieben, ich hätte mein Manuskript garantiert an keinen anderen Verlag geschickt, ich hätte mir bloß gedacht: Okay, das kannst du also auch nicht, Schwamm drüber!

Der einzige Mensch, der sich sehr beeindruckt zeigte, war der Opernregisseur, der seine Kindergedichte noch immer bei keinem Verlag untergebracht hatte.

Meine Mutter sagte ungerührt: »Ich hab sowieso immer gewusst, dass mein Madl was kann!«

Der Nö sagte karg: »Gratuliere!« Den wehte gerade revolutionärer Wind aus Deutschland an. War ja 1968. Adorno und Marcuse beschäftigten ihn, Arbeitskreise waren angesagt, Utopien wurden gegen Nahziele eingetauscht. Ich tat da nicht mit. Auf die Idee, freiwillig an einem Arbeitskreis teilzunehmen, wäre ich gar nicht gekommen!

»Ich habe genug zu tun mit dem Alltagskram«, hätte ich damals wahrscheinlich gesagt, aber das wäre natürlich eine Ausrede gewesen, denn wenn einem etwas wirklich wichtig ist, so findet man auch Zeit dafür. Ich las, was in Deutschland politisch los war – was sich in Österreich tat, kam mir eher wie eine »Revolte der Künstler« vor. Ich wurde zwar von den politischen Freunden belehrt, dass das alles sehr politisch sei, weil nämlich alles politisch sei, aber obwohl ich keineswegs darüber entrüstet war und mich die maßlose Aufregung der vereinigten Spießer eher amüsierte, leuchtete mir nicht ganz ein, was es politisch bewirken sollte, wenn sich etwa ein nackter Maler mit einer Rasierklinge die Stirn ritzt oder ein anderer öffentlich kackt.

Die meisten unserer Freunde wussten gar nicht, dass ich ein Kinderbuch gemacht und dass es ein Verlag angenommen hatte. Coole Typen machen von so etwas doch kein »Aufhebens«.

Ich schlug mich damit herum, meine Zeichnungen auf Transparentfolie zu übertragen. Um Druckkosten zu sparen, verlangte das der Verlag. Die Folien waren sehr, sehr glatt und hatten völlig sauber zu bleiben, sonst hielt ein Tuschestrich auf ihnen nicht. Doch der einzige Platz, den ich zum Zeichnen hatte, war die Arbeitsplatte in der Küche, und zwischendurch musste ich Frühstück, Mittagessen und Nachtmahl kochen, wobei sich der Küchendunst hauchzart auf den Folien ablagerte. Ich zog mit der Feder einen schwungvollen Strich, aber der blieb an den fettigen Folienstellen nicht haften. Ich erzeugte sozusagen Stotter-Striche und musste einen zweiten Strich drübermachen, um die frei gebliebenen Stellen abzudecken, wodurch viele Striche dicker als geplant wurden.

Aber ich hatte ja Zeit, es eilte nicht, ich konnte herumwerkeln wie ich wollte, wenn ich gerade keine Hausfrauenpflichten zu erledigen hatte.

Die Absicht, meine Tochter Barbara schön langsam dazu zu bringen, bei mir zu wohnen, hatte ich natürlich immer noch. Ich stellte mir das so vor: Zuerst kommt sie einen Tag in der Woche, dann zwei und dann drei und so weiter, bis sie ganz in Ottakring wohnt.

Das Gymnasium, in das sie demnächst gehen würde, war so ziemlich in der Mitte zwischen der Oma-Wohnung und unserer.

Eine rasche Trennung, sagte ich mir, sei ihr nicht zuzumuten, weil sie doch spürte, dass sie der ganze Lebensinhalt ihrer Oma war! Ich muss geduldig warten, sagte ich mir, bis sie selbst erklärt, dass sie lieber bei mir wohnen will!

Rückblickend betrachtet, ließ ich das arme Kind mit diesem Problem allein, weil ich meine Mutter nicht kränken wollte. Ich hatte zwar drei Jahrzehnte gegen die Frau opponiert, aber letzten Endes hatte ich dann doch immer getan, was sie wollte. Und außerdem brauchte ich sie, wenn ich nicht rund um die Uhr, Tag für Tag, Vollzeitmutter sein wollte – und das wollte ich nicht.

Man kann nicht einerseits von der Mutter die Tochter zurückverlangen, und anderseits von ihr wollen, dass sie bei Bedarf beide Töchter übernimmt. Für eine Nacht oder ein paar Tage. Und der Bedarf war gestiegen, denn der Verlag für Jugend & Volk hatte mir angeboten, mit dem Rudi zusammen auf eine Kinderbuch-Tagung nach Urach auf die Schwäbische Alb zu fahren.

Von linken und rechten Buchmachern und Autoren, getrübtem Wohnglück und sozialer Treue

Ein bisschen komisch kam ich mir zuerst schon vor auf der Schwäbischen Alb, zwischen jungen und älteren Kinderbuchautoren, Lektoren, Verlegern, Übersetzern, Pädagogen und Bibliothekaren beiderlei Geschlechts. Die erkundigten sich natürlich neugierig, was ich denn bereits geschrieben hätte. Und ich stand da, mit einem einzigen Buch, das noch nicht einmal erschienen war!

Untertags gab es Arbeitskreise, am Abend Vorträge, noch später am Abend Tanz in der Keller-Disco oder Essen mit Verlegern in einem Uracher Restaurant, und ich merkte schnell, dass da schwere Konflikte ausgetragen wurden, zwischen den Konservativen und den Fortschrittlichen, den Rechten und den Linken. Natürlich schlug ich mich auf die Seite der Linken, und nach zwei, drei Tagen fiel es mir nicht mehr schwer, mitzureden, wenn es drum ging, wie ein gutes Kinderbuch zu sein hätte, und den Mitgliedern der linken Fraktion gefiel gut, was ich zu sagen hatte. Ich hatte mich für Kinderbücher nie interessiert, hatte meinen Töchtern auch nie aus Kinderbüchern vorgelesen. »Selber lesen macht gescheit«, hatte ich immer gesagt, und was sie lesen wollten, hatte ich ihrer Entscheidung überlassen. Ich hatte ihnen Geschichten erzählt, gerade von mir erfundene oder all die, die ich als Kind erzählt bekommen hatte. Und gute Erzähler hatte es in meiner Familie mehr als genug gegeben.

Das meiste, was in Urach die Konservativen von einem für Kinder tauglichen Kinderbuch forderten, war so, dass ich dachte, die Herrschaften kämen von einem anderen

Stern. »Man bekommt allerhand zu hören, bevor einem die Ohren abfallen«, hätte ich wohl gedacht, wenn ich Pippi Langstrumpf gekannt hätte, aber nicht einmal die Pippi-Langstrumpf-Bücher hatte ich gelesen. Eine ältere Dame, Professorin aus Wien, trug uns auch vor, dass diese Pippi keine Lektüre für Kinder sei, davon würden sie bloß verwirrt. Und dauernd war von »heiler« und »unheiler« Welt die Rede, ganz so, als ob es einen eigenen »Kinderplaneten« gäbe und Kinder und Erwachsene nicht in derselben, leider sehr unheilen Welt lebten. Aber von der Sprache, die mir beim Schreiben das Wichtigste und Schwierigste gewesen war, redete niemand. Und ich hatte doch gedacht, Literatur bedeute vor allem, ein Stück Welt in Sprache umzusetzen. Für die Konservativen schien die Sprache nicht so wichtig, sie redeten auch nie von Kinderliteratur, den Begriff setzte, glaube ich, überhaupt erst Jochen Gelberg in unermüdlicher Kleinarbeit durch. Kinderbücher galten sichtlich für die meisten dieser kindertümlich befassten Herrschaften als Pädagogik-Pillen, eingewickelt in buntes Geschichterl-Papier.

Als ich mit dem Rudi im Zug zurück nach Wien fuhr, hatte ich eine Handvoll neuer Freunde gewonnen, dazu drei Verleger, die unbedingt mein nächstes Manuskript lesen wollten, das gute Gefühl, auch ein zweites Buch zu schaffen, und den Vorsatz, zu lesen, was kluge Menschen über Kindheit zu sagen hatten. Die Namen Alice Miller und Bruno Bettelheim hatte ich in Urach mehrmals gehört und alles, was die linke Fraktion von ihnen zitiert hatte, war mir grundvernünftig vorgekommen.

»Die feuerrote Friederike« erschien 1970, und ich hatte bereits zwei neue Manuskripte fertig, »Mr. Bats Meisterstück«

und »Die Kinder aus dem Kinderkeller«. In jeder freien Minute hatte ich geschrieben. So etwas wie eine Arbeitseuphorie hatte mich, seit ich aus Urach zurück war, überfallen.

»Die Kinder aus dem Kinderkeller« schickte ich dem Jochen Gelberg, den ich in Urach kennengelernt hatte. Der war gerade dabei, von einem Verlag zu einem anderen zu wechseln, wo er »neue, fortschrittliche Kinderliteratur« machen wollte, und suchte Autoren für sein neues Programm.

»Mr. Bats Meisterstück« hätte ich wieder dem Verlag Jugend & Volk geben wollen, aber der oberste Chef, der Kurt Biak, war der Ansicht, dass eine Anfängerin Geduld haben müsse, jedes Jahr ein Buch, das wäre zu viel. Alle zwei Jahre eines, sei genug. Das dauerte mir zu lange, und während ich noch überlegte, ob ich es nicht einem anderen Verlag schicken sollte, rief mich die Stern-Redakteurin, die ich in Urach kennengelernt hatte, an. Der Stern hatte damals noch eine Kinderseite, das Sternchen. »Sternchen ist das Kind vom Stern, Sternchen haben Kinder gern!«

Ob ich vielleicht ein Manuskript hätte, das sie als Fortsetzungsroman auf der Sternchen-Seite abdrucken könnte, fragte sie. Das hatte ich!

»Mr. Bats Meisterstück« erschien wöchentlich im Stern, und nach den ersten paar Fortsetzungen rief der Oetinger-Verlag an und fragte, ob er die Geschichte als Buch rausbringen könne. Er konnte!

Als ob das nicht schon reichlich Glück gewesen wäre, bekam »Die feuerrote Friederike« in Hannover den Bödecker-Preis, und ich wurde zur Preisverleihung bei der Bödecker-Kreis-Tagung und für Lesungen an Schulen nach Hannover eingeladen und lernte dort viele Autoren und Autorinnen näher kennen, die auch Lesungen in Hannover machten und allesamt sehr, sehr nette Menschen waren, mit denen man nach den Lesungen viel Spaß haben konnte. Etliche Verleger und Lektoren nahmen auch an der Tagung teil, und ich merkte, dass sie Interesse an mir hatten. An Geschichten von mir, die Illustrationen wollten sie von jemand anderem machen lassen. Das tat ein bisschen weh. Eigentlich hatte ich die Geschichte von der feuerroten Friederike doch nur erfunden, um aus den Bildern ein Buch zu machen. Aber Erfolg tröstet, und ich sagte mir: Hauptsache, du kannst etwas! Und wenn du besser schreiben als zeichnen kannst, dann schreibst du eben. Macht ohnehin mehr Spaß!

Das tat es wirklich. Mit einer Zeichnung war ich nie zufrieden gewesen, immer hatte ich gewusst: Sie ist nicht so gelungen, wie ich sie gern gehabt hätte. Eine Seite, die ich geschrieben hatte, konnte aber oft so sein, dass ich mit ihr völlig zufrieden war.

Auch Autoren aus Wien waren in Hannover: Mira Lobe, Käthe Recheis, Friedl Hofbauer. Es war schön, mit ihnen zusammen zu sein, zum Spaßhaben oder zum ernst Reden. Der Bödecker-Kreis tat viel für Kinderbuch-Autoren. Er organisierte für sie Lesungen an Schulen. Es war ja nicht so, dass Autoren immer von ihren Tantiemen leben konnten, und das hatte nichts mit der Qualität ihrer Bücher zu tun. Viele brauchten das Geld, das sie für die Lesungen bekamen, dringend.

Auch in Wien hätte ich, vermittelt durch den Verlag, Lesungen an Schulen machen können, doch die paar diesbezüglichen Versuche hatten mir nicht behagt. Sichtlich fanden viele Lehrer, dass in meine Geschichte von der »Feuerroten Friederike« zu viel linke Ideologie reingestrickt ist. Mein Hirn konnte eben nur links stricken, rechte Maschen schaffte es nicht. Und manche Volksschuldirektorin fand einfach meine Kleidung und mein Benehmen äußerst befremdlich. Einmal animierte ich die Kinder, meine Friederike an die Tafel zu zeichnen, und damit der kleine Bub, der sie zeichnen wollte, an die obere Hälfte der Tafel reichte, schlug ich ihm vor, auf einen Sessel zu steigen. Worauf die anwesende Direktorin mit scharfer Stimme rief: »Wir steigen hier nicht auf Stühle!« Und eine Lehrerin fragte mich sauertöpfisch – damals waren Miniröcke modern –, ob ich nicht Angst um meine Eierstöcke habe!

Mein Kopf war jedenfalls voll neuer Eindrücke, als ich wieder nach Wien kam und die Hausfrau spielen musste. Auf die Idee, mir wenigstens eine Putzfrau zu leisten, kam ich gar nicht. Dabei hatte ich doch nun eigenes Geld. Das Preisgeld, das reichliche Honorar vom Stern, und das Geld für die Lesungen in Hannover. Gespart habe ich es sicher nicht, vermutlich habe ich es einfach in den Haushalt reingebuttert, und war froh, großzügig sein zu können, ohne vom Ehemann Nachschub fordern zu müssen.

Beim Auszug aus der Kurrentgasse hatte ich gehofft, dass in Ottakring das große Wohnglück auf uns wartete. Es war aber eher das Gegenteil eingetreten. Wir hatten einen Lift und ein Badezimmer, glattes Klebeparkett und große Fenster, Zentralheizung und Waschmaschinen im Keller. Aber wir hatten auch dünne Betonwände, durch die man jeden Furz hörte, und Lüftungsschächte, aus denen der Küchenmief aller darunter liegender Wohnungen kam. Unter uns wohnte irgendwo jemand, der zweimal die Woche für seine Hunde stundenlang Kutteln kochte, die bestialisch stanken. Über uns übten drei unmusikalische Kinder täglich Klavier. Notenblatt für Elise, ein Jahr lang. Duschte der Nachbar, meinte man, hinter der Wand brause ein Wasserfall zu Tal.

Und alle schimpften auf alle und bezichtigten sie der Rücksichtslosigkeit, statt auf das unzumutbare Haus zu schimpfen. Meistens verdächtigten sie sogar einen völlig Unschuldigen, weil man überhaupt nicht unterscheiden konnte, woher der Lärm kam. Immer dachte man, er komme von nebenan oder oben, obwohl er auch von schräg ganz unten kommen konnte.

Das waren wir nicht gewohnt. In der Kurrentgasse, wenn zum Beispiel der Nö und der Harry »Säbelduell« gespielt hatten und der Luster der alten Frau Türk erzittert war, war sie zu uns raufgekommen und hatte besorgt gefragt, ob gerade ein Erdbeben sei. Und hatten wir ihr gesagt, dass bei uns bloß ein Säbelduell stattfinde, hatte sie gesagt: »Ach so, dann ist es ja gut!« Und war wieder in ihre Wohnung runter gegangen.

Nun klopfte jemand von unten mit dem Besen an die Decke, wenn die Christine zwei Purzelbäume schlug.

Einmal dachte ich, dass über uns der Parkettboden geschliffen wird. Ganz deutlich meinte ich, eine Schleifmaschine von Wand zu Wand fahren zu hören. Als die Schleifmaschine eine Woche im gleichen Raum von einer Wand zur anderen gefahren war, fragte ich die Frau von drüber, ob sie Probleme mit ihrem Fußboden habe. Hatte sie nicht. Und eine Schleifmaschine war bei ihr auch nicht in Aktion. Das Geräusch kam von einem neuen Schaukelpferd!

Nicht einmal im großen Hof konnten die Kinder spielen. Da regten sich zwei alte Schwestern aus dem Hochparterre über den Lärm auf. Die fanden es sogar unzumutbar, wenn ein Knirps still und leise mit dem Roller herumfuhr. Da schepperte angeblich der Kanaldeckel unerträglich.

Dauernd musste ich zur Christine sagen: »Bitte, sei leiser. Bitte, spring nicht. Bitte, wirf den Ball nicht an die Wand!«

Und ich hatte es ohnehin mit ihr nicht leicht. Sie kam

mit ihrer Lehrerin, einer alten, richtig bösartigen Fuchtel, nicht zurecht. Die Frau war selbst für damalige Verhältnisse eine Zumutung. Kam ein Mäderl mit einer langen Hose in die Schule, steckte sie ihm eine riesige Krepppapiermasche auf den Kopf. »Damit man erkennt, dass du ein Mädchen bist!« Wer nicht still sitzen konnte, musste sich auf einen Bogen Packpapier setzen, den sie vor dem Lehrertisch auf den Boden gelegt hatte.

Einmal nähte ich der Christine ein neues Kleid, sehr kurz, wie es damals modern war. Sie kam verstört von der Schule heim. »Die Frau Lehrerin hat gesagt, du musst mir einen Saum anstückeln!«

Ich ging in die Schule und fragte die Lehrerin, wie lang ihrer Meinung nach ein Kinderkleid sein solle.

Sie sagte: »So lange, dass man die Unterhose nicht sieht, wenn sich das Kind tief bückt!«

Dass das aber sehr lang wäre, gab ich zu bedenken, und sie schaute mich ganz komisch an und sagte: »Sie haben ja keine Ahnung, wie lüstern die Buben auf das Mädchenklo schauen!«

Da ging ich zum Bezirksschulinspektor. Der seufzte und meinte, er wisse ja, dass die Kollegin ein Problem sei, aber sie sei leider pragmatisiert, man könnte sie höchstens an eine andere Schule versetzen, und dann hätten sie eben andere Kinder. Mit der Selbstsicherheit, die ich heute habe, hätte ich damals nicht resigniert und wäre nicht widerspruchslos heimgegangen.

Ich hatte immer gemeint, unautoritär betreute Kinder bekämen ein starkes Selbstwertgefühl und setzten sich gegen falsche Autoritäten zur Wehr. Bei der Christine war das leider nicht so. Die alte Fuchtel verschreckte sie. Sie war in der Schule lammfromm und wenn sie heimkam, ließ sie ihre angestaute Aggression an mir aus. Nicht nur verbal, auch tätlich. Und jeden Morgen wollte sie der Schule entgehen, indem sie die Klamotten, die ich ihr hingelegt hatte, ins nächste Eck pfefferte und heulte, das Zeug sei zu scheußlich, das ziehe sie nicht an. Sich selbst etwas zum Anziehen auszusuchen, weigerte sie sich aber auch.

War der Nö bei solchen Tobsuchtsanfällen daheim, kam er zur Kinderzimmertür und fragte unschuldig: »Warum streitet ihr denn schon wieder?«

Und ich brüllte ihn dann an: »Ich streite nicht, ich halte ein irres Kind aus!«

Aber wirklich nahe ging mir das alles nicht. Der größte Teil meines Hirns war unentwegt mit dem Formulieren von Sätzen beschäftigt. Nicht nur wenn ich mit dem Kugelschreiber vor einem linierten Heft hockte oder auf der quietschgrünen Olivetti tippte, war ich am Sätze Basteln, auch wenn ich Zwiebeln schnitt oder im Gulasch rührte, einen Zipp in eine Hose nähte oder einkaufen ging, Staub saugte oder das Klo putzte.

Die quietschgrüne Olivetti stand in der Küche auf der roten Arbeitsplatte, daneben lag das linierte Heft, und in jeder freien Minute schrieb oder tippte ich das im Kopf bereits Formulierte.

Eine Ente zu braten dauert eineinhalb Stunden, doch man muss die Ente im Rohr nicht dauernd behüten. Viermal nachschauen und aufgießen reicht, die restliche Zeit kann man schreiben oder tippen. Nur so konnte ich in einem Jahr zwei Bücher oder gar drei hinkriegen. Wenn man noch halbwegs jung und gesund ist und wenig schläft, schafft man das. Dass die Manuskripte hin und wieder Fettspritzer hatten, hielten meine Lektoren für eine Spezial-Marotte von mir.

Doch ohne meine Mutter wäre es nicht gegangen. Sie war immer da, wenn ich sie brauchte, und ich brauchte sie oft.

Wenn ich für ein paar Tage nach Deutschland zu einem meiner Verlage fahren wollte oder zum Bödecker-Kreis oder zu einer Tagung oder zu einer Talkshow oder zu einem Interview. Über Kinderliteratur wurde damals nämlich viel heftiger diskutiert und gestritten als heute. Und ich stritt gerne mit, inzwischen hatte ich ja auch schon allerhand über kindliche Entwicklung gelesen und mir ein stabiles theoretisches Fundament zugelegt.

War ich in Wien, wollte ich am Abend auch oft weggehen, andere Kinderbuchautoren treffen, und mit neuen Freunden, mit denen der Nö nichts anzufangen wusste, quatschen. Freilich hätte ich das alles nicht tun müssen, es gibt ja auch Schriftsteller, die im stillen Kämmerlein vor sich hin werken und jegliche Öffentlichkeit scheuen.

Aber mir ging es nicht nur um die Kinderliteratur, da gab es auch Männer, die mich interessierten. Unser damaliger Begriff von Treue war ein anderer als der der Generation vor uns, und vermutlich auch der Generation nach uns. Wir waren für »soziale Treue«, also dafür, dass man sich für den Partner verantwortlich fühlt und nicht gleich davonrennt, wenn es einmal schwierig wird. Aber dass man sich nach vielen Ehejahren von jemand anderem erotisch angezogen fühlt, hielten wir für völlig normal. Viele Bekannte von uns gingen ganz offen damit um und erzählten dem Partner vom außerehelichen Sex, ließen sich sogar von ihm – oder ihr – trösten, wenn die aktuelle Beziehung nicht klappte. Das fand ich unnötig. Mich interessierte nicht, ob der Nö gerade eine Affäre hatte oder nicht, und ich sah keinen vernünftigen Grund, ihm diesbezüglich von mir zu erzählen. Eifersucht, sagten wir, ist Besitzgier und Verlustangst. Die hässliche Besitzgier hat man zu überwinden, die Verlustangst ist unnötig, wenn man auf die »soziale Treue« vertraut.

Klingt theoretisch sehr einfach, ging in der Praxis oft schief. Meistens, weil die Partner nicht gleichzeitig Affären hatten, und der, der gerade nicht außerhäuslich umtriebig war, sich doch vernachlässigt fühlte. Oder weil »die Affäre« nicht mitspielte und mehr als eine Affäre sein wollte.

Mir tut es nicht leid, das alles erlebt zu haben, es sind schöne Erinnerungen, die ich nicht missen wollte. Ein halbes Jahrhundert in totaler sexueller Treue zu verbringen, das kommt mir öde vor. Aber so dachte damals auch nur eine Minderheit, und wenn ich mich heute unter jungen Leuten umhöre, scheint es mir, als hätten sie wieder die traditionellen Vorstellungen von Treue, die ihre Urgroßeltern hatten.

Vom großen, steinernen Sparschwein und von überaus argumentierfreudigen und engagierten Töchtern

1972 – oder war es schon 1973? – bekam ich Lust, einmal etwas in meiner Muttersprache zu schreiben, im Wiener Dialekt, und zudem von Erfahrungen zu erzählen, die in ein Kinderbuch, auch wenn man Kindern nicht »die heile Welt« vorgaukeln will, nicht hineingehören. Etwa die traurige Geschichte vom »Geiga Gotti«, der in Wirklichkeit »Hendl Weuta« hieß und gottserbärmlich zugrunde ging. Dialekt in Prosa zu schreiben, geht nicht, das will niemand lesen, also mussten es Gedichte sein. Dass daraus ein Buch werden könnte, daran dachte ich nicht, aber für die »Schublade« zu schreiben, hat mir nie gelegen, und so gab ich die Gedichte, etwa zwei Dutzend, dem Hubert Gaisbauer, dem Chef der Abteilung »Gesellschaft, Jugend und Familie« im Rundfunk, für den ich sowieso hin und wieder ein paar Beiträge schrieb, und er fand, dass diese Gedichte in die »Musicbox« reinpassten. Und der Doktor Leiter von Jugend & Volk fand dann, dass wir ein Buch daraus machen sollten. »Iba de gaunz oaman Kinda« hieß es, und weil das Buch auch ein Erfolg wurde, schrieb ich noch weiter im Dialekt. »Iba de gaunz oaman Fraun« und »Iba de gaunz oaman Mauna«, wobei auch das eher Gedichte über die ganz armen Frauen wurden. Dann war mein Bedarf an Muttersprache gedeckt!

Bald war mein Einkommen so, dass der Nö im Hotel kündigen konnte. Er ging als freier Mitarbeiter zum Rundfunk. Und die Barbara schaffte es, zu uns zu übersiedeln. Meine

Mutter war traurig, aber sie ließ sich nicht viel anmerken. Zudem war sie ohnehin auch viel bei uns. Nicht nur, wenn ich weg war, auch, um mir den täglichen Hausfrauenkram abzunehmen. Und natürlich, um der Barbara nahe zu sein. Daheim, in der Geblergasse, wäre sie allein herumgehockt, denn mein Vater saß nicht mehr im Kabinett und reparierte dort Uhren, sondern hatte eine Stelle als Klischograph bei einer Zeitschrift angenommen. Gelernt hatte er das nie, er hatte es sich selbst beigebracht wie so vieles.

Die Barbara ging weiter ins Gymnasium am Parhamerplatz, die Christine entkam endlich der grausigen Volksschullehrerin und ging ins Gymnasium in der Maroltingergasse. Das war näher und galt als »rote« Schule.

Und das Haus im Waldviertel passierte uns in diesen Jahren auch! Es war wirklich nicht unsere Absicht gewesen, ein uraltes Bauernhaus zu kaufen. Freund Rudi wollte eines kaufen und brauchte, da er weder Auto noch Führerschein hatte, jemanden, der ihn zu einem preiswerten Haus in der Nähe von Arbesbach fuhr. Wir übernahmen die Fuhr, und der Rudi merkte, dass er das Haus nicht brauchen konnte, weil es weder mit der Bahn noch mit dem Bus zu erreichen war.

Doch der Nö hatte sich in das Haus verliebt. Und ich fand es auch recht hübsch, wie aus dem Märchenbuch. Besonders gut gefiel mir das total grün bemooste Dach! Ich hatte jedoch keine Ahnung von uralten Bauernhäusern. Jeder halbwegs Kundige hätte auf den ersten Blick vermutet, dass unter dem Moos verfaulte Schindeln sein könnten. Wir waren aber nicht kundig und holten auch niemanden, um uns beraten zu lassen. Ist doch eh spottbillig, wir können es ja probieren!

Fünf Wochen der Schulferien verbrachten wir im ersten Jahr dort. Wir waren: der Nö, die Christine und ich. Für die

Beim Schreiben im Waldviertel (ca. 1978)

Christine hatten wir ihren Schulfreund Wolfi mitgenommen, damit ihr nicht langweilig würde.

Der Nö trieb die Renovierung voran, hielt die Handwerker mit vielen Kisten Bier bei Laune und schleppte Material aus dem Lagerhaus herbei, ich tat, was ich auch in Wien tat. Ich schrieb. Und die Christine und der Wolfi langweilten sich. Es regnete in den fünf Wochen nur zwei, drei Tage lang nicht.

Wollte ich zur Renovierung auch etwas beitragen, kaufte ich bunten Lack und pinselte alte Möbel an, damit die Zimmer nicht so trostlos kackebraun ausschauten. Und ich lernte, auf einem Holzherd zu kochen.

Die Barbara war nicht mitgekommen. Urlaub war für sie Strand und Meer, nicht Wald und Wiese. Sie fuhr mit der linken Fraktion unserer Freunde auf eine Insel in Kroatien, die von Wiener Linken randvoll besetzt war.

Die Barbara hatte ich in letzter Zeit auch in Wien nicht viel gesehen. War sie nicht in der Schule, war sie beim »Roten Schülerbund«. Das Lieserl, damals eine unserer besten Freundinnen, hatte der Barbara von diesem roten Schülerbund erzählt, und die Barbara war blitzschnell dort Mitglied geworden und arbeitete unermüdlich für die Weltrevolution. Alles andere interessierte sie nicht mehr, war völlig unwichtig geworden.

Mir war das fanatische politische Engagement einer kaum Dreizehnjährigen nicht geheuer. Der Nö beruhigte mich. Es sei normal, dass Kinder nicht wie die Eltern sein wollen, also sei doch klar, dass die Barbara zur »Linksüberholerin« wird und uns als angepasste »Schreibtisch-Revolutionäre« und »Büttel des Kapitals« sieht. Und immer noch besser fanatisch links als zu weit rechts!

Blieb mir ohnehin nichts anderes übrig, als es auch so zu sehen. Verbieten ließen sich meine Töchter nichts. Verbote zu befolgen, muss man von klein auf gelernt haben. Und im Argumentieren waren die zwei sehr gut, und war ich im Argumentieren einmal besser als sie, setzte sich die Christine mit Toben durch und die Barbara mit Verweigerung. Saß da, ließ den Kopf hängen, die langen Haare wie einen Vorhang vor dem Gesicht und schwieg. Zu Stein erstarrtes Leid kann jemand wie ich nicht aushalten, und wenn man die Mutterrolle ein Jahrzehnt der Oma überlassen und eher die große Schwester gespielt hat, ist man sowieso dauernd auf der Hut, nur ja nichts falsch zu machen.

Nach den fünf Ferienwochen hatte das Haus ein Eternitdach, neue Fensterchen und ein Klo. Vorher hatte es überhaupt kein Klo gegeben, nicht einmal ein Plumpsklo. Den Bauern hatte ein großes Holzschaff im Stall gereicht. Aber mit Klo, Dach und Fenstern war die Sache noch lange nicht erledigt. Fußböden fehlten noch, und eine Heizung, ein Badezimmer, etliche Türen und neue Elektroleitungen. Ein Brunnen, der mehr Wasser hergab, musste gegraben und Wände mussten trockengelegt werden. Ein neues Haus zu bauen, wäre garantiert billiger gewesen.

Als wir nach Wien zurückfuhren, ahnte ich, dass ich mir da ein großes, steinernes Sparschwein zugelegt hatte.

Der Nö fuhr so oft er konnte ins Waldviertel. Er liebte nicht nur das Haus, er liebte auch die Gespräche mit den Nachbarbauern und den Handwerkern, sichtlich Kontrastprogramm zu seinen politisch-philosophisch-literarischen Diskussionen in Wien. Er wanderte auch gern stundenlang in der Gegend herum, sogar Holz hackte er mit Leidenschaft.

Mir war es egal, ob ich in Wien oder im Waldviertel schrieb, aber lieber war ich wohl doch in Wien, und meine Töchter konnte ich auch nicht allein lassen, dazu, fand ich, waren sie noch zu jung.

Von unsäglicher Traurigkeit

Es war im Herbst 1975, ich saß mit meiner Freundin Lieserl in der Küche und besprach mit ihr, ab welchem Alter Kinder überhaupt in der Lage sind, das Verhalten ihrer Eltern kritisch zu hinterfragen, denn das Lieserl hatte von Buchhändlerin auf Lehrerin umgelernt und war jetzt Expertin auch auf diesem Gebiet, da rief meine Mutter an und sagte mit verstörter Stimme: »Dem Vati geht es nicht gut!«

Ich bestellte mir ein Taxi und fuhr in die Geblergasse.

Dem Vati ging es nicht nur nicht gut, er war tot. Er hatte sich in der Früh nicht wohlgefühlt und war nicht in die Arbeit gegangen, sondern im Kabinett im Bett geblieben.

»Wieso schläft er denn so fest?«, fragte meine Mutter.

Was ich geantwortet habe, weiß ich nicht mehr. Anscheinend habe ich den Doktor Dießner angerufen, denn der war ein paar Minuten später da und stellte den Totenschein aus und gab meiner Mutter eine Beruhigungsspritze. Aber erst, nachdem ich in der Küchenkredenz den aktuellen Krankenschein meiner Mutter gefunden hatte.

Meine Mutter weinte nicht. Sie saß im Zimmer, die Hände im Schoß gefaltet, und starrte vor sich hin. Ich bestellte wieder ein Taxi, zog meine Mutter vom Sessel hoch, stopfte sie wie ein Kleinkind in den Mantel, zog ihr die Schuhe an und brachte sie nach Ottakring.

Der Nö war im Waldviertel, sie schlief im Doppelbett neben mir.

Am nächsten Morgen ging ich zur Bestattung. Einen passenden Sarg zu bekommen, war gar nicht einfach, denn

Mein Vater kurz vor seinem Tod

wir hatten kein Grab, sondern – letzter Rest des früheren Vermögens meiner Mutter – eine Familiengruft, und für eine Gruft braucht man einen Metall-Übersarg. Da »der teure Verblichene«, wie ihn der Beamte nannte, »Überlänge« hatte, war ein überlanger Übersarg nötig, und er musste emsig telefonieren, bis er endlich einen gefunden hatte.

Während ich mit ihm drauf wartete, dass so ein Übersarg in irgendeinem Sarg-Depot gefunden wurde, erfuhr ich, dass es für einen ehemaligen Badewaschel wie ihn nur eine Chance gegeben hatte, vom D-Beamten ohne B-Matura zum B-Beamten aufzusteigen, nämlich die, zur gemeindeeigenen Leichenbestattung zu gehen.

Ich weiß nicht mehr, ob ich es selbst gewollt hatte oder ob es mir der Leichenbestatter aufgetragen hatte, jedenfalls stand ich zu Mittag in der Geblergasse im Kabinett, holte ein rosa Hemd und einen grauen Anzug aus dem Schrank und versuchte, meinen Vater zu bekleiden. Er hatte nichts als ein T-Shirt am Leib.

Es fiel mir unendlich schwer. Die Leichenstarre war noch nicht vergangen, vielleicht bildete ich es mir auch nur ein, aber ich meinte, Knochen brechen zu hören, als ich seine Arme ins Sakko stopfte. Und als ich dann dem dünnen, fast zwei Meter langen Mann, der so etwas wie mein Lebensmensch gewesen war, die schwarzen Socken anzog, fing ich endlich zu heulen an, und heulte, bis die Träger von der Bestattung an die Wohnungstür klopften.

Den Sarg aus dem engen Kabinett rauszubekommen, war auch nicht leicht. Mitten in der Tür zur Küche kam er in Schieflage, der Deckel rutschte runter und ich sah, dass die Träger die Hände meines Vaters über der Brust gefaltet und drunter ein Metallkreuz mit Jesus gesteckt hatten.

Ich riss das Kreuz aus den Händen meines Vaters und schob es einem Träger in die Jackentasche. Der fragte: »Ist er denn nicht katholisch?«

Ich antwortete bloß: »Trotzdem!«

Dass mein Vater ein halbes Jahrhundert aus der Kirche hatte austreten wollen und bloß nicht dazugekommen war, weil er halt zu vielem, was er unbedingt wollte, nicht gekommen war, das ging ja die Leichenträger nichts an.

Von zwei Generationen (getrennt durch 44 Stufen), von der Schule als vermintes Feindesland und einem Horror-Umzug

Ein halbes Jahr vor dem Tod meines Vaters hatte die Eva, die Frau vom Harry, in Penzing, in der Teybergasse ein Haus mit zwei leer stehenden Wohnungen geerbt. Eine im zweiten Stock, eine im Hochparterre. Und ich hatte diese zwei Wohnungen für uns als eine gute Lösung gesehen. Zwei Generationen unter einem Dach, getrennt durch vierundvierzig Stufen, das hatte ich perfekt gefunden. Und aus der Ottakringer Wohnung wollten wir alle vier doch nichts wie weg, vor allem die Töchter, die es in einem gemeinsamen Zimmer nicht mehr aushielten.

Aber die Wohnungen waren zu renovieren, brauchten Bäder und Klos, Küchen und neue Elektroleitungen und neue Gasrohre. Der Nö kam zwar gut mit Waldviertler Handwerkern zurecht, aber nicht mit dem angeblichen Generalunternehmen, das ich engagiert hatte. Außerdem war er ja selten in Wien. Und wenn ich in Wien war, arbeitete ich den ganzen Tag und hatte auch gar kein Talent, Krach zu schlagen, wenn wieder eine Woche kein einziger Arbeiter in den Wohnungen zu sehen gewesen war. Und ein anderes Unternehmen konnte ich auch nicht beauftragen, da ich beim sichtlich am Konkurs vorbeischrammenden Generalsanierer mehrmals reichliche Anzahlungen abgeliefert hatte.

Jedenfalls lebten wir »auf Abruf« in Ottakring, und sooft mir eine Tochter erklärte, dass sie das Leben mit ihrer Schwester wirklich keinen Tag länger mehr ertrage, beruhigte ich: »Es dauert ja nicht mehr lang!«

Meine Mutter war immer eine Frau gewesen, die für jemanden sorgen musste. Die Barbara hatte sich ihrer Sorge entzogen, mein Vater nun auch. Also sorgte sie wieder für mich. Wenn ich in Wien war, kam sie fast jeden Tag, um mich zu »entlasten«. Sie kochte, sie bügelte, wenn es nötig war, flickte sie auch, und bei jeder Zigarette, die ich mir anzündete, mahnte sie mich, mehr auf meine Gesundheit zu achten. Immer mit dem Nachsatz: »Du hast zwei Kinder, die brauchen dich noch!«

Eine Frau hat eben für die anderen da zu sein, zuallererst für die Kinder, dann für den Ehemann – das ist ihr Lebenszweck!

Meine Mutter las zwar nie ein Buch von mir, aber sie war sehr stolz auf mich. Ein Freund von mir fragte sie einmal, warum sie denn noch kein einziges Buch von mir gelesen habe. Sie sagte wieder einmal: »Brauch ich nicht, ich weiß eh, dass mein Madl was kann!«

Sie las nicht einmal die Glossen, die ich für den *Kurier* schrieb. Zuerst einmal in der Woche, später dann fünfmal die Woche. Es war zwar viel zusätzliche Arbeit, aber die nahm ich gern auf mich, weil ich auch für Erwachsene schreiben wollte. Einen Roman traute ich mir nicht zu, aber aktuelle Glossen, die – dachte ich – kriege ich hin.

Meine Mutter las diese Glossen auch nicht, erzählte mir aber immer, wer von ihren Nachbarinnen zu meinen Leserinnen gehörte und was die dazu sagten.

Als die Barbara in der 6. Klasse war, wurde ihr die Schule zum Albtraum. Für sie war das vermintes Feindesland. Eine Schülerin, die ihren Klassenkolleginnen – es war eine reine Mädchenschule – den Maoismus näherbringen will, sehen konservative Lehrer nicht gern, und setzen sich mit ungerechten Noten zur Wehr. Vernünftig mit ihnen zu reden, war nicht möglich, weil sie nie offen und ehrlich zu mir waren. Ich hörte von den Damen stets, dass meine Tochter ein hochbegabtes, allerdings etwas schwieriges Mädchen sei, dass ihnen aber die schwierigen Schülerinnen ohnehin lieber seien.

Ich redete der Barbara zu, in eine andere Schule zu wechseln. In eine, von der ich gehört hatte, dass die Professoren sehr liberal seien. Sie war einverstanden. Im neuen Gymnasium waren die Noten plötzlich wieder gut und der neue Klassenvorstand war eine vernünftige Frau, die von Schulphobie etwas verstand. Aber wer Schule für vermintes Feindesland hält, ist nicht so leicht zu kurieren. Und die neuen Mitschülerinnen – es war wieder eine reine Mädchenschule – waren für die Barbara allesamt hirnlose Gersthofer Schnepfen.

Bald ging sie zwar am Morgen brav zur Straßenbahn, um in die Schule zu fahren, doch sie schaffte es nicht, dann auch hineinzugehen, sondern ging in ein Kaffeehaus und spielte dort den ganzen Vormittag mit irgendwelchen arbeitslosen Männern Karten. Ihr Klassenvorstand meinte, da sich eine Schülerin von einem Zeugnis zum nächsten nur um zwei Noten verschlechtern könne, würde es reichen, wenn die Barbara alle zwei Wochen ein, zwei Tage käme. Dann hätte sie wenigstens ein Abschlusszeugnis aus der siebenten Klasse.

Die Barbara nahm es sich vor und schaffte es wieder nicht. Es hatte keinen Sinn. Ich meldete sie von der Schule ab. Sie kaufte sich Unterlagen über den von der Externisten-Matura-Kommission verlangten Lehrstoff und lernte allein daheim. Und schaffte die Externisten-Matura trotz ihrem politischen Engagement nicht viel später als ihre früheren Mitschülerinnen.

Gewisse Schwierigkeiten in der Schule hatte die Christine auch, doch die waren anderer Art. Sie machte zusammen mit Schülern diverser Gymnasien eine Schülerzeitung, die *Kritik*. Sie gab es billiger als die Barbara, sie wollte nicht die Welt, sie wollte nur die Schule verändern. In jeder *Kritik*-Nummer konnte man lesen, an welcher Schule sich welcher Professor wieder einmal unmöglich, sogar dem Schulgesetz zuwiderhandelnd, verhalten hatte. Ein paar Anschuldigungen waren so gravierend, dass der ORF einen »Club 2« darüber machte, zu dem auch ein Sektionschef vom Unterrichtsministerium und ein Redakteur der *Kritik* eingeladen wurden.

Der Sektionschef erklärte, dass die *Kritik* keineswegs die Wahrheit geschrieben, sondern gelogen und Unsinn behauptet habe. Und die empörten Jung-Redakteure fanden es passend, den Herrn Sektionschef für diese Behauptung zu verklagen. Darin bestärkte sie auch der Günther Nenning, der versprach, dass die Journalisten-Gewerkschaft für die Prozesskosten aufkommen würde.

Der Prozess zog sich in die Länge. Viele Lehrer und Schüler wurden gehört, als harmloser Beobachter dachte man: Alles, was die Kritik geschrieben hat, entspricht den Tatsachen, die Jung-Redakteure gewinnen den Prozess! Und die Jung-Redakteure und der Anwalt, den sie sich ausgesucht hatten, waren siegessicher. Ich war es nicht. Ich hatte mir zweimal so eine Verhandlung angeschaut, und festgestellt, dass der Herr Sektionschef und sein Anwalt unheimlich gelassen dasaßen, wenn die Zeugen – einer nach dem anderen – bestätigten, dass sich alles so verhalten habe wie beschrieben. Das irritierte mich.

Die Jung-Redakteure verloren den Prozess. Alle schweren Vorwürfe hatten sich zwar als Tatsachen erwiesen, aber zwei oder drei unwichtige Details leider nicht. Das reichte, um den Herrn Sektionschef freizusprechen. Und die Gewerkschaft zahlte den Rechtsanwalt nicht. Die *Kritik*-Redaktion, sagte sie, hätte sich nicht selbst einen Anwalt suchen dürfen, sondern sich von der Gewerkschaft einen zuweisen lassen müssen. Dass die jungen Leute einen Brief vom Günther Nenning auf Gewerkschaftspapier hatten, in dem stand, dass sie sich den Anwalt selbst suchen sollten, half nicht. Nenning war am Ende des langen Prozesses nicht mehr Chef der Journalisten-Gewerkschaft.

Der Georg Danzer stand der *Kritik* bei. Er machte im U4 ein Solidaritätskonzert, mit dessen Einnahmen die Prozessschulden bezahlt wurden.

Leicht war es für die Christine sicher nicht, in dieser Zeit in die Schule zu gehen, aber sie schaffte es, denn sie hatte dort viele Verbündete und Gleichgesinnte, und das nicht nur unter den Schülern.

Es muss so um diese Zeit herum gewesen sein, als mich die Privatsekretärin von Kurt Falk anrief. Herr Falk würde gern mit mir sprechen. Ich kannte Kurt Falk, er kannte mich nicht. Ich hatte ihn im Pressehaus auf dem Fleischmarkt gesehen, wo er gemeinsam mit Dichand die Vorkriegs-*Kronenzeitung* wieder zum Leben erweckt hatte. Da war er ein paarmal auf dem Gang vor der Verrechnungsabteilung an mir vorbei gehastet, langsam gehen lag ihm nicht.

Ich fuhr nach Währing raus, wo er sein Büro hatte. Er erzählte mir, dass er eine bunte, wöchentlich erscheinende Zeitschrift, *Die ganze Woche*, herausgeben werde, und machte mir den Vorschlag, für diese Zeitschrift Glossen zu schreiben. Das Honorar, das er mir bot, war äußerst erstaunlich: für eine Glosse doppelt so viel, wie mir der *Kurier* für fünf Glossen pro Woche bezahlte. Und als ich dann noch erfuhr, dass der *Kurier*-Redakteur, bei dem ich bisher meine Glossen ablieferte, Chefredakteur der *Ganzen Woche* sein würde, war ich nicht abgeneigt. Zwei Tage später sagte ich zu.

Im September hätten die Wohnungen in der Teybergasse fertig sein sollen, es dauerte bis Ostern des nächsten Jahres. Der Umzug von Ottakring nach Penzing war ein Horrortrip. Alternativ wie wir waren, hatten wir die AA-Kommune damit betraut. Die Kommunarden hatten nur einen uralten LKW mit einer löchrigen Segeltuchplane über der Ladefläche. Auf dem Weg zur Teybergasse, exakt vor dem Schloss Schönbrunn, streikte der LKW-Motor, es fing zu schütten an und schüttete bis zum nächsten Morgen. Zwei männliche Kommunarden reparierten am Motor herum, nach zwei Tagen hatten sie es geschafft.

All unsere Habe, die ich gut und logisch sortiert in beschriftete Bananen-Kartons gepackt hatte, war waschelnass, und die völlig durchweichten Kartons lösten sich auf, wenn man sie anpackte. Die Bücher waren zum Glück zuerst auf den LKW geladen worden und daher am trockensten geblieben.

Wir brachten die Sachen waschkorbweise in die Wohnung im Hochparterre, schütteten sie auf einen Riesenhaufen und sortierten den eine Woche lang. Wir, das waren: die Christine und ich. Die Barbara war, wie immer, revolutionär ausgelastet, und der Nö lag im zweiten Stock oben auf einem Bett. Seine Bandscheiben waren vom Schleppen der schweren Brocken lädiert. Die männlichen Kommunarden hatten sich nämlich, als der LKW endlich in der Teybergasse angekommen war, hurtig entfernt und das Abladen und Ins-Haus-Schleppen der Sachen den drei weiblichen Kommunardinnen überlassen. Und der Nö hatte es nicht ausgehalten, untätig zuzuschauen, wie sich kleine, schwache

Mädchen mit einem Riesenschrank, der Waschmaschine, der Kredenz, den Betten und den schweren Bücherkartons abplagten.

Von sehr emsiger Arbeit, geduldig ertragenen Einkaufstouren und zwei Mühlsteinen in Aktion

Im Spätherbst 1978 sagte der Hubert Gaisbauer, das Internationale Jahr des Kindes nahe, er wolle dafür das ganze Jahr über an jedem Schultag in Ö3 eine Sendung für Kinder machen. Etwa drei Minuten sollte sie dauern, und gesendet würde sie ein paar Minuten vor sieben Uhr und wiederholt ein paar Minuten nach sieben Uhr, also zu einer Zeit, wo fast ganz Österreich – zumindest der arbeitende Teil – allein schon wegen der ständigen Zeitansage Ö3 hört. Privatsender gab es damals noch nicht. Ich möge mir also etwas einfallen lassen! Teuer dürfe die Sendung allerdings nicht sein, Mini-Hörspiele mit mehreren Sprechern kämen nicht in Frage, einer müsse reichen. Mit ein bisschen Technik kann ein Tonmeister allerdings eine Stimme so verändern, dass der Hörer meint, da würden mehrere Personen reden. Wir probierten es aus. Ich brauchte einige Zeit, um mich mit dem Ergebnis anzufreunden, zuerst klang es mir arg nach Schlümpfen. Doch schön langsam gewöhnte ich mich an das »Schlumpfige« und fand es sogar gut, weil diese verzerrten Stimmen keinesfalls von »normalen Menschen« kommen konnten, sie mussten also Wesen gehören, die in der Realität nicht existieren, und das war ohnehin vernünftiger, denn ich wollte mit Kindern und Eltern über Kinder-Probleme reden. Doch Kinder in aller Herrgottsfrühe mit bitteren Problemen zu konfrontieren, hielt ich nicht für zulässig, das verdirbt ihnen doch den Tag. Ich konnte zum Beispiel doch kein echtes Kind sagen lassen: »Heute bekomme ich die Mathe-Schularbeit zurück und kriege garantiert einen Fünfer, am liebsten würde ich tot sein!«

Aber ein Wesen, das real nicht existiert, mit einem Wortschatz, den es so auch nicht gibt, kann um sieben Uhr in der Früh sagen: »Heut kriegt meinereiner den Bruchbrech-Wisch retour und meinereiner traut sich drauf wettern, dass der Oberwisch ein minderwertig-mangelhaft druntergegriffelt hat, am liebsten würd ich mich am nächsten Runkelrübenbaum aufknüpfen!«

Das Problem wird nicht klein gemacht, ist aber am Morgen auszuhalten. Dschi Dsche-i-Dschunior hieß das Wesen einfach deshalb, weil ich mir die tägliche Begrüßungsformel von Günther Schifters Jazz-Sendung geborgt hatte. »Howdy, its me …«, und da waren englische Buchstaben doch passend. Weder Dschi-Dsche-s Sprache noch sein Aussehen hatte ich von Anfang an parat, das ergab sich langsam beim Schreiben, jeden Tag fiel mir noch etwas anderes zu ihm ein. Schließlich hatte er drei dottergelbe, geschmirgelte Zahnreihen, einen Mittelscheitel über dem Bauch, bewegte sich auf Rollschuhen durch seinen Iglu und durchs Leben, aß Rorcheln und Runkeln und schimpfte manchmal, dass er diese lausige Kindheit schon zehn Ewigkeiten lang mitmache.

Dass diese Sendung so ein Erfolg wurde, lag natürlich auch am Sendetermin. Und angefeindet wurde sie natürlich zuerst auch. Der katholische Familienverband wetterte dagegen, brachte seine Beschwerde sogar vor den Rundfunk-Beirat. Ein halbes Jahr später bekam ich den Katholischen Medienpreis. Und das Goldene Mikrophon bekam ich auch. Schwerarbeit war der kleine Kerl aber trotzdem. Da hieß es etwa, dass der Wolfgang Hübsch, der alle Wischer-Rollen sprach, demnächst mit dem Burgtheater für drei Wochen verreist sein würde und ich daher bis nächsten Montag fünfzehn Wischer-Folgen abliefern müsse. Doch der Spaß am Wörter-Erfinden und Wörter-Verdrehen überwog die Mühsal bei Weitem.

Als das »Jahr des Kindes« zu Ende war, war auch die Wischer-Sendung zu Ende. Sehr, sehr viele Menschen bedauerten es, ich – wenn ich ehrlich bin – auch. Aber es ist besser, aufzuhören, wenn fast alle »schade drum!« sagen, als aufzuhören, wenn jeder bereits wischer-satt ist und »na endlich« sagt.

Ich arbeitete emsig wie eine Brummhummel, von Jahr zu Jahr mehr. Kinderbücher zu schreiben, reichte mir nicht mehr, ich machte Sendungen für den Rundfunk, schrieb Drehbücher für den ORF und das ZDF, und einmal in der Woche die Glosse für *Die ganze Woche*. Von mir ging die Initiative nie aus. Ich bekam Angebote und wenn diese mir zusagten, sagte ich auch zu. Oft sagte ich auch zu, weil ich dachte, dass es mir Spaß machen würde, mit diesem Regisseur oder jener Journalistin zusammen etwas zu machen. Und das tat es ja auch! Durch eine solche Zusammenarbeit konnten sogar Freundschaften, die ein Leben lang halten, entstehen. Meine eiserne Freundschaft mit der Ursula Pasterk zum Beispiel fing mit einer gemeinsamen wöchentlichen TV-Sendung, der »Nachhilfestunde«, einem Eltern-Lehrer-Schüler-Magazin, an.

Ich hätte wahrscheinlich auch nie so viele Kinderbücher geschrieben, wenn aus zwei meiner Verleger nicht zwei gute Freunde geworden wären. Freunde darf man nicht enttäuschen, warten sie auf ein Manuskript von dir, muss es geliefert werden, und zwar zum versprochenen Termin! Ich verdiene zwar gern Geld, weil ich gern Geld ausgebe, aber ich habe nie überlegt, ob ich nicht bei anderen Verlagen noch erfolgreicher sein könnte. Gute Freunde tauscht man nicht aus!

In den ersten Jahren, die wir in der Teybergasse lebten, kam meine Mutter noch oft, natürlich nur, um mich »zu entlasten«. Die zwei Stockwerke machten ihr Mühe, sie musste jedes Mal auf der Treppe ein paar Verschnaufpausen einlegen.

Dann fiel ihr das Gehen immer schwerer, sie konnte daheim in Hernals kaum noch ihre Einkäufe erledigen. Sie kam nicht mehr zu mir, ich musste zu ihr kommen und für sie einkaufen. Mehr als zu planen, was sie bis morgen brauchte, lag ihr nicht. Anfangs hatte ich versucht, für zwei, drei Tage einzukaufen. Sie hatte sich nicht dagegen gewehrt, doch als ich einmal an einem mutterfreien Tag in einem Taxi saß und das Taxi sehr langsam, weil es dick schneite, die Ottakringer Straße rausfuhr, sah ich bei der Bergsteiggasse meine Mutter. Sie stand rastend an der Straßenecke, Krückstock in einer Hand, Einkaufstasche in der anderen, Pelzmütze auf dem Kopf. Und auf der Pelzmütze war eine zehn Zentimeter hohe Schneeschicht!

Eine Semmel war sie kaufen gewesen, denn der Sandwichwecken von gestern sei schon »zäh« geworden. Da gab ich mich geschlagen und ließ den täglichen Einkaufsbesuch nur aus, wenn es wirklich nicht anders möglich war.

Ich durfte auch nicht dort einkaufen, wo ich wollte. Die Knackwurst musste vom Birnecker-Fleischhauer sein, das Brot vom Wandl-Bäcker, der Emmentaler vom Mäder-Greißler und die Gurke von der Frau Paula am Yppenmarkt. Von dort eben, wo sie früher die Sachen geholt hatte, und ich musste immer Grüße von ihr ausrichten.

Hatte ich alles brav zusammengetragen, drehte sie den Fernseher auf, weil am späten Nachmittag ihre Lieblingssendungen waren, und wollte, dass ich mich zu ihr setze und mit ihr »ein bissel schaue«. Das verweigerte ich denn doch.

War ich für ein paar Tage weg, bat ich meine Töchter, für mich einzuspringen. Die taten es, und von denen forderte sie diese »sternförmigen« Einkaufswege in alle Himmelsrichtungen nicht. Die durften in den nächsten Supermarkt gehen.

Nahm sich der Nö ein paar Tage frei, fuhr er ins Waldviertel. Ich kam selten mit. Nicht nur, weil ich meine Mutter versorgen musste, ich war einfach lieber in Wien und traf mich, wenn ich nicht arbeitete, mit Freunden. Meine Freizeit reichte ohnehin nicht, alle, die ich mochte, so oft zu sehen, wie ich das gern getan hätte.

Die Barbara studierte kurz Biochemie, dann wurde sie Lehrling in einer Druckerei, weil eine Maoistin nicht studiert, sondern arbeitet. Ein Jahr hielt sie durch, dann verkrachte sie sich mit ihrem Ausbildner. Es war, glaube ich, eher ein privater Krach, aber jedenfalls gab sie auf und studierte wieder. Diesmal Informatik. Die Christine studierte nach der Matura Psychologie.

Meine Mutter liebte das Haus im Waldviertel. Den ganzen Winter über freute sie sich auf die Sommermonate im Waldviertel. Fuhr ich nur für ein paar Tage raus, kam sie nicht mit. Im Auto wurde ihr immer speiübel, und hinterher hatte sie eine Migräne. Für ein Wochenende nahm sie diese Tortur nicht auf sich.

Zwei, drei Sommermonate ohne Unterbrechung im Waldviertel zu sein, schaffte ich nicht, obwohl ich mir für den Sommer so wenig Termine wie möglich vornahm. Musste ich nach Wien, musste es der Nö mit meiner Mutter allein aushalten. Gern tat er das nicht. Die beiden konnten einander nicht leiden.

Er spürte, dass sie wenig von ihm hielt. Das war nicht der Mann, den sie sich für ihr »Madl« vorgestellt hatte. Zur

Mit dem Nö im Waldviertel

Mit dem Nö und meiner Mutter beim Kartenspielen im Waldviertel

Frau Haider, die für uns das Grobe im Haus erledigte, hörte ich sie einmal sagen: »Der kann doch nicht einmal einen Nagel grad einschlagen, sitzt nur den ganzen Tag da und liest. Des soll ein Mann sein?«

Als sie mir einmal etwas Ähnliches, nur ein bisschen höflicher ausgedrückt, sagte, meinte ich: »Du hast auch keinen erfolgreichen Mann gehabt.«

Sie schaute mich kugelrund an und sagte, mehr verblüfft als empört: »Du wirst doch die zwei nicht vergleichen wollen!«

Sie tat dem Nö natürlich unrecht. Wenn er in Wien war, arbeitete er fleißig für den Rundfunk, und war man dort nur freier Mitarbeiter, hieß das: viel Mühe für wenig Geld. Man interviewt viele Leute viele Stunden lang und schneidet dann einen Fünf-Minuten-Beitrag draus zusammen und bekommt nur die fünf Minuten bezahlt. Und wenn der Nö irgendeinen Experten zu dessen Spezialgebiet interviewte, las er sich vorher fast den Wissensstand dieses Experten an, was wirklich niemand von ihm verlangte und wahrscheinlich auch niemand merkte.

Aber für meine Mutter zählte nur Erfolg, und ihrer Meinung nach hatte er den nicht, also hatte er ihr »Madl« nicht verdient!

Meine Mutter wiederum hatte sich im Alter ein paar Eigenheiten zugelegt, die für sensible Gemüter nicht gut auszuhalten waren. Ging sie zum Beispiel aufs Klo, hob sie schon ein paar Meter vor der Klotür den Rock, und schaute man nicht hurtig weg, sah man ihren großen Hintern, gehüllt in eine labbrige rosa Unterhose.

Oder: Ihr Magen war nicht in Ordnung, und sie bildete sich ein, dass ihr ein kräftiger Rülpser nach dem Mittagessen guttäte. Um den Magen zum Rülpsen zu bringen, trank sie beim Mittagessen ein Glas Bier. Und während der Nö noch am Essen war, rülpste sie enorm laut und sagte hinterher zufrieden: »Des hat gutgetan!«

Dann konnte es sein, dass er Messer und Gabel hinwarf und aus der Stube rannte, und sie schaute ihm verwundert nach und fragte mich: »Was hat er denn?«

Ihr zu sagen, was er hatte, konnte ich nicht. Das wäre mir zu taktlos vorgekommen. So zuckte ich bloß mit den Schultern, und sie sagte: »Na ja, ich weiß ja eh, dass er spinnt!«

Am wütendsten machte ihn aber ihr Nachttopf! Im Oberstock, wo meine Mutter schlief, hatten wir kein Klo. Und in der Nacht die steile Treppe runter aufs Klo gehen, konnte sie nicht mehr, also hatte sie einen Nachttopf. Früher war sie immer als Erste aufgestanden und hatte uns Frühstück gemacht, nun schlief sie länger als wir, und wenn wir gerade beim Frühstück in der Küche saßen, stand sie auf und entsorgte als Erstes den Inhalt des Nachttopfes, indem sie ihn aus dem Fenster runterschüttete. Meistens platschte der gelbe Guss so knapp vor dem Küchenfenster ins Gras, dass er die Fensterscheiben sprenkelte. Meine Ekelschwelle ist hoch, mich störte das nicht, aber der Nö, glaube ich, hatte Mordgedanken, wenn es wieder – kaum einen Meter von ihm entfernt – platschte.

Fernsehen, wenn sie im Raum war, konnte auch ziemlich anstrengend sein. Wir schauten am Abend ohnehin selten fern, meistens überließen wir ihr die Fernbedienung und taten etwas anderes. Aber wollten wir hin und wieder etwas sehen, was ihr nicht in den Kram passte, motzte sie dauernd herum. Einmal – daran erinnere ich mich, weil es sogar mich wütend machte – schauten der Nö und ich ein langes Interview mit Jean-Paul Sartre an. Sie saß daneben und gab unentwegt Kommentare ab. »Und der gefällt euch, der scheangelt ja!« Und: »Wie kann man denn so arg scheangeln?« Und: »Des soll ein gscheiter Mann sein?« Und: »Auch wenn der net scheangeln tät, wär er schiach!«

Ich kam mir im Waldviertel zwischen dem Nö und meiner Mutter oft wie zwischen zwei Mühlsteinen vor – zwei Mühlsteinen in Aktion. Der einzige Ausweg für die zwei, drei Monate war, noch mehr zu arbeiten, denn da konnte ich in meinem Zimmer oben sitzen und an etwas anderes denken.

Eines Tages teilte mir der Nö dann mit, dass er nicht mehr nach Wien käme. Er würde die Arbeit beim Rundfunk aufgeben und im Waldviertel bleiben. Wenn ich ihn sehen wollte, könnte ich ja rauskommen. Er müsste endlich seinen Roman schreiben. Alles andere hätte für ihn keinen Sinn. Es klang wie ein Ultimatum an sich selbst und behagte mir nicht. So, dachte ich, geht man mit sich nicht um.

Von sehr gastfreundlichen Töchtern und der alten Nowak, die angeblich Trotzkis Geliebte war, und noch einem Umzug

Der Nö blieb also im Waldviertel und ich kam hin und wieder auf einen Kurzbesuch. Wie er mit dem Roman vorankommt, fragte ich ihn nicht, und er redete nicht davon. Aber der Stapel linierter College-Hefte auf seinem Schreibtisch wuchs von Besuch zu Besuch. Was in den Heften stand, konnte ich nicht lesen. Die Handschrift vom Nö war für mich nicht zu entziffern. Seine winzigen Buchstaben in Zeilen mit winzigen Abständen – zwischen zwei Heftlinien zwängte er zwei Zeilen – sahen für mich wie ein persisches Teppichmuster aus. Und mit der Maschine Getipptes gab es nicht. Ich fragte auch nicht, warum es das nicht gab, obwohl es mich irritierte.

Die Sommer verbrachte ich weiter im Waldviertel. Sogar länger als früher, meiner Mutter zuliebe. Sie hatte dort ein besseres Leben. Sie liebte es, in der Sonne zu sitzen, und die paar Schritte aus dem Haus bis zum Liegestuhl schaffte sie leicht. Übrigens war sie noch immer bei mir, um mich »zu entlasten«. Zur Frau Haider sagte sie: »Wenn ich meinem Madl nimmer helfen kann, dann komme ich nicht mehr!«

Sie reduzierte halt einfach ihre Vorstellungen von Hilfe. Aber sie half mir immer noch. So schaffte sie es, zu kochen. Die paar Schritte zwischen Herd und Küchentisch waren kein Problem. Manchmal ging ihr etwas schief, dann war sie deprimiert. Als ihr einmal alle Marillenknödel im Kochwasser aufplatzten, weinte sie bitterlich und sagte: »Wird langsam Zeit, dass ich meine Pulver nehm!«

Sie hatte »Schlafpulver« gesammelt, jede Menge Pillen, vom Arzt verschrieben, dem sie vorlog, nicht schlafen zu können. Mit den Pillen wollte sie ihrem Leben ein Ende setzen, wenn sie es nicht mehr für lebenswert halten würde. Aber so wie sie ihre Vorstellungen von Hilfe reduzierte, reduzierte sie auch ihre Ansprüche an ein lebenswertes Leben.

Früher hatte sie gesagt: »Wenn es mir so geht wie der alten Benedikt, dann nehm ich meine Pulver!« Dann ging es ihr wie der alten Benedikt, und sie sagte: »Wenn es mir so geht wie der alten Rosa, dann nehm ich meine Pulver!« Und als es ihr wie der alten Rosa ging, fand sie wieder wen, dem es noch schlechter ging als ihr. Ich war also wegen der »Pulver« nicht beunruhigt. Zudem war ich mir fast sicher, dass ihr der Arzt keine schweren Schlafmittel verschrieben hatte.

Mehr als bei ihr im Waldviertel zu sein, konnte ich für sie nicht tun.

Wollte jemand dringend mit mir reden, ob Freunde, Lektoren, Verleger oder ORF-Redakteure, mussten sie eben zu mir rauskommen. Und das taten sie auch. Sogar gern.

Ich war, alles in allem, mit meinem Leben, egal ob ich gerade in Wien, im Waldviertel oder auf einem Kurztrip im Ausland war, völlig zufrieden. Bloß die Wohnungssituation in der Teybergasse machte mir Probleme. Die Christine und die Barbara hatten die Wohnung im Hochparterre, dort gab es ein großes Zimmer und ein kleines. Das kleine war nur durch das große zu erreichen.

Als wir eingezogen waren, hatte die Barbara erklärt, welches der zwei Zimmer die Christine nimmt, ist ihr »Blunzen«. Sie war gerade mit politischem Zwist derart beschäftigt gewesen, dass sie sich um solchen Pipifax nicht hatte kümmern können. Also hatte sich die Christine das größere

Zimmer genommen und gedacht, es mache ihr nichts aus, dass das ein »Durchgangszimmer« sei.

Nun machte ihr es aber doch etwas aus. War die Barbara daheim, fühlte sich die Christine gestört, wenn die Barbara in die Küche, ins Bad oder aufs Klo ging. Die Barbara wiederum fühlte sich behindert, wenn sie in der Nacht aufs Klo wollte und es aus Taktgefühl verschob, weil die Geräusche von nebenan drauf schließen ließen, dass die Christine mit dem Pauli Sex hatte.

Wegen der Küche gab es auch Verstimmung. Die Christine war ordentlich, die Barbara dachte erst ans Geschirrwaschen, wenn kein einziges Kaffeehäferl mehr sauber und der letzte Teller dreckig war. Außerdem neigte die Barbara dazu, Klamotten und Schuhe von der Christine ungefragt anzuziehen.

Die Christine zog dann oft, wenn ich nicht daheim war, in den zweiten Stock rauf, und ich kam mir wie ein Eindringling vor, wenn ich aus dem Waldviertel oder von einer kurzen Reise heimkam. Konnte aber auch sein, dass sechs emsige Leute um meinen Esstisch herumsaßen und Flugblätter falteten, die sie zuvor in unserem Keller, in der Waschküche, auf einer uralten Maschine gedruckt hatten. Ob diese Maschine wirklich an den vielen Kurzschlüssen im Haus Schuld hatte, wie die Frau Winter aus dem ersten Stock meinte, weiß ich nicht. Aber wären die Hausbesitzer nicht unsere Freunde gewesen, wäre das mit der Druckmaschine in der Waschküche unmöglich gewesen.

Und sehr, sehr gastfreundlich waren beide Töchter. Einmal, als ich zurückkam, saß ein Mädchen im Türkensitz auf meinem Bett und schaute mich erstaunt an. Es war eine Freundin der Christine aus Italien.

»Ich hab geglaubt, du bleibst länger weg«, sagte meine Tochter zur Erklärung. Und: »Sie bleibt eh nur eine Woche!«

Und die andere Tochter quartierte mir eine Studentin, die ihre Wohnung verloren hatte, ein. Die war speziell hartnäckig. Sie hatte überhaupt nichts dagegen, mit mir zusammenzuwohnen und dachte gar nicht daran, sich eine andere Wohnmöglichkeit zu suchen. Zwei Zimmer reichen doch für zwei Menschen, fand sie wohl.

Nahm ich mir vor, ihr zu sagen, dass sie sich nun wirklich endlich um ein anderes Quartier umsehen müsse, schaute sie mich, noch bevor ich etwas gesagt hatte, aus großen, blauen Augen so hilflos an, dass ich es nicht fertigbrachte, so »herzlos« mit ihr zu reden.

Also mietete ich ihr eine kleine Wohnung und bezahlte die Kaution und drei Mieten im Voraus, und sie war flugs weg! Und damit ich mir bei dieser Art von Problemlösung nicht wie ein Volldepp vorkam, sagte ich mir: Wer gut verdient, muss etwas davon abgeben, und es wäre selbstherrlich zu entscheiden, wer dafür würdig ist, drum bekommt es eben die nächstbeste Person, die Bedarf hat.

Die blauäugige Studentin war ich los, die alte Nowak, meine Nachbarin, allerdings nicht. Die überwucherte mich zunehmend, sie fühlte sich zur Familie gehörig. Daran waren wir selbst schuld. Als wir in die Teybergasse gezogen waren, hatten wir uns alle über die Erzählungen aus ihrem Leben enorm gefreut. Nicht genug hatten wir und die Freunde der Töchter davon bekommen. Wer hat denn schon eine Nachbarin, die behauptet, in ihrer Jugend Trotzkis Geliebte gewesen zu sein, und die en détail schildert, wie sie sich ihm zum ersten Mal auf dem jüdischen Friedhof unter einer Trauerweide hingegeben hatte? Unter dem Decknamen »Fjodor« war er nach Wien gekommen. Drum wusste außer ihr ja niemand von diesem Aufenthalt! Nach einem Jahr war er dann plötzlich verschwunden. Und seither war sie Kommunistin, aber das erzählte sie nur uns. »Zu allen anderen sage ich, dass ich sozial eingestellt bin!«

Ihre schöne 3-Zimmer-Wohnung hatte sie, wie sie es ausdrückte, »anti-arisiert«. Die Wohnung hatte bis 1938 einem jüdischen Apotheker gehört, dann hatte sie ein hoher SA-Mann »arisiert«, und 1945 hatte den die Frau Novak mit Hilfe der russischen Kommandatur rausgeworfen und war mit ihren drei Kindern eingezogen.

Ihr ganzer Stolz war ein großes Che-Guevara-Bild. Eine Kupferplatte, so eingeschwärzt, dass die schwarzen Stellen angeblich Che darstellten. Mehr als die Pullmankappe war aber nicht zu erkennen. Ihr Enkel hatte es in der Kreativ-Therapie bei einem längeren Klinikaufenthalt gemacht. Es hing an der Innenseite einer Kastentür. Damit nicht so »sozial« eingestellte Besucher es nicht sehen würden.

Sie erzählte auch vom traurigen Ende ihrer zweiten Ehe mit einem Juden, der ins KZ gekommen und dort ermordet worden war, und wie sie da gelitten und von den Nazis drangsaliert worden war.

Wie sich die Sache mit dem »Fjodor« wirklich verhalten hatte, weiß ich nicht, Trotzki war jedenfalls in dem Jahr, von dem sie erzählte, nicht in Wien gewesen. Wie das mit dem zweiten Ehemann gewesen war, erfuhr ich zufällig. Von dem hatte sie sich flugs scheiden lassen, als die Deutschen einmarschiert waren. Einer Frau, die aus erster Ehe drei Kinder hat, soll man deswegen keinen Vorwurf machen, aber viel Verständnis für die nachträgliche Korrektur des Lebenslaufs muss man auch nicht aufbringen.

Ich mochte die alte Nowak wirklich, aber nun kam sie zehnmal am Tag, auch am Abend, und besonders gern, wenn ich Besuch hatte. Sie zog sich einfach einen Sessel zum Tisch und redete drauflos.

Sie kaufte dreimal so viel Nahrung, wie sie essen konnte, ihr Eisschrank war vollgestopft mit Verdorbenem, und mit jedem Stück vergammeltem Käse, jedem Brocken übel riechendem Fleisch, jedem verfaulten Paradeiser kam sie zu mir rüber, hielt mir das Zeug unter die Nase und fragte: »Kann ich das eh noch essen?«

Sagte ich ihr, dass man das sicher nicht mehr essen könnte, hielt sie sich nicht dran und kam am nächsten Tag und sagte stolz: »Ich hab's aber gegessen, und mir ist nicht schlecht geworden!«

Sie kam, damit ich ihre Halskette schließe, damit ich die Krampfader auf dem rechten Bein anschaue, damit ich den Zettel mit dem Losungswort ihres Sparbuches verwahre, und eine Stunde später, damit ich ihr den Zettel zurückgebe. Oder sie kam ganz ohne Anlass, drehte sich vor mir im Kreis und sagte: »Von hinten Lyzeum, von vorne Museum!«

Gegen den zu hohen Blutzucker trank sie Slibowitz, und hatte sie zu viel gegen den Zucker getrunken, wollte sie, dass ich den Herrn Doktor hole, weil ihr so schwindlig sei.

Im Laufe der Jahre, die ich sie nun schon kannte, hatte sie zunehmend jegliches Zeitgefühl verloren. Um Mitternacht wollte sie einkaufen gehen, und kam fragen, wieso die Geschäfte nicht mehr offen hätten, oder sie kam mit dem Persianermantel über dem Nachthemd zu mir und wollte wissen, ob die Knöpfe dran noch modern seien.

Eine andere Wohnung für sie zu mieten, war in ihrem Fall keine Lösung. Ich kaufte lieber mir eine! In der Josefstädter Straße, in einem alten Barockhaus. Groß genug für eine Person, die gern Besuch hat und für Freunde kocht. Damit war auch das Problem, das die beiden Töchter miteinander hatten, gelöst. Die Christine zog in den zweiten Stock, die Barbara blieb im Hochparterre. Jetzt hatte zwar die Christine die Nowak am Hals, aber die Christine war ihr besser gewachsen als ich, die ließ sich nicht überwuchern.

Bloß war das Barockhaus noch nicht fertig renoviert. So zog ich vorübergehend in die Mariahilfer Straße zur Eva und zum Harry. Dort war gerade eine 2-Zimmer-Untermietwohnung frei. Über ein Jahr harrte ich dort aus, ein Luxus-Appartement war es nicht gerade, die Sitzbadewanne stand in einer Küchenecke. Aber wie meine Mutter gern sagte: »Wer sich nicht gfretten kann, der kann nicht hausen!« Und lustig, den Harry und die Eva als Nachbarn zu haben, war es auch.

Die Vorfreude auf die Wohnung in der Josefstadt hielt mich auch bei Laune. Wohnungen hatte ich schon immer gern eingerichtet, und diesmal machte es noch mehr Spaß, denn ich brauchte nicht mehr zu knausern und mir Billig-Lösungen auszudenken, ich konnte endlich beim Henn in der Naglergasse bestellen, was mir gefiel.

Von einem merkwürdigen Herausgeber und seiner Redaktion, und von der Emma K. und ihren nie geschriebenen Briefen

Vom Goethe-Institut hatte ich schon lange eine Einladung, nach Südamerika zu fahren und in den dortigen Instituten zu lesen. Drei Wochen in Argentinien, Uruguay und Paraguay. Das wollte ich unbedingt machen. Und meine Töchter mitnehmen. So ein paar Mutter-Töchter-Wochen, das fand ich, wären schön. Aber wie sollte meine Mutter so lange ohne mich zurechtkommen? Meine Schwester hätte vielleicht einspringen können, aber das wollte meine Mutter nicht. Und wenn sie etwas nicht wollte, biss man bei ihr auf Granit. Stur sagte sie: »Ich komm schon allein zurecht!«

Ich beschloss, die Reise im nächsten Sommer zu machen und meine Mutter beim Nö im Waldviertel zu lassen. Einmal, fand ich, konnte er ruhig etwas für mich und seine Töchter tun. Er weigerte sich auch nicht, und meine Mutter war einverstanden. »Wenn du weg bist, braucht er ja wen, der für ihn kocht«, sagte sie.

Als wir drei aus Südamerika zurückkamen, den Kopf voll neuer Eindrücke und in Hochstimmung, war meine Mutter in Wien, der Nö auch.

Die Magen-Darm-Infektion, gegen die ihm der alte Arzt im Waldviertel vor zwei Monaten Antibiotika verschrieben hatte, war ein Herzinfarkt gewesen. Das hatte der neue junge Arzt erkannt, als der Nö – weil er sich noch immer so schlapp fühlte – sechs Wochen später zu ihm gegangen war. Er hatte ihn sofort ins Zwettler Krankenhaus geschickt, wo sein Befund bestätigt wurde, und der Nö war mit meiner Mutter nach Wien gefahren und wartete drauf, dass ein Platz für ihn in Bad Tatzmannsdorf im Reha-Sanatorium frei würde. Allein im Waldviertel wollte er nicht mehr sein. Er war nie krank gewesen, und war nun völlig geschockt, hatte Angstzustände und Panikattacken. Ein Hypochonder war der Nö nie gewesen. Im Gegenteil, unverwundbar wie Achilles ohne Fersen-Handicap war er durchs Leben gegangen, kein bisschen wehleidig war er gewesen. Nun lag er den ganzen Tag auf dem Sofa in der Josefstädter Straße und kontrollierte seinen Puls. Ein paarmal musste ich mit ihm zur Notaufnahme ins Krankenhaus fahren, doch kaum war er dort, beruhigte sich sein Herzrasen wieder.

Mehr als hilflos zuzuschauen, fiel mir nicht ein.

Nach einem langen Aufenthalt in Bad Tatzmannsdorf ging es ihm viel besser. Eine junge Psychologin hatte ihm sehr geholfen. Er rauchte nicht mehr, er versuchte auch weniger zu trinken, doch das gelang ihm kaum. Und allein ins Waldviertel traute er sich immer noch nicht.

Jede Woche kaufte er einen Stapel Bücher und las unentwegt. Ich hatte ihm mein Schlafzimmer überlassen und schlief im Wohnzimmer auf dem Sofa. Beim Nö im Zimmer brannte die ganze Nacht Licht. Er schlief häppchenweise. Zwischen jedem Happen Schlaf las er ein paar Seiten.

Unsere Laien-Psychologen-Freunde meinten, den Herzinfarkt habe er dringend gebraucht, um dem Roman-Projekt zu entkommen. Mag schon sein, aber auch Männer ohne Roman-Projekte, sogar solche, die nicht rauchen und nicht trinken, bekommen Herzinfarkte.

Die Redaktion der *Ganzen Woche* war draußen in Ottakring, in der Odoakergasse. Ich fuhr gern hin, öfter als nötig. Die Redaktion war überschaubar, und die Leute, die dort arbeiteten, waren ein sehr gemischter Haufen. Blitzgescheite und Dumme, Liebenswürdige und Ungustln – auf alle Fälle lauter Menschen, wie ich sie in meinem Bekanntenkreis nicht hatte. Auch die Blitzgescheiten waren keine Intellektuellen, da redete niemand über Literatur und Kunst, Philosophie und die nötige Rettung des Abendlandes. Und Falks Führungsstil, so er überhaupt einen hatte, war erstaunlich.

Einerseits hatte er angeblich eine Redakteurin, die nervös an einem Bleistift kaute, angefaucht: »Fressen Sie mein Eigentum nicht auf!«, andererseits duldete er es lange, dass die Telefonistin, die im großen Vorraum der Redaktion saß, nebenbei Erdäpfel schälte, weil sie den Kollegen zu Mittag Erdäpfelgulasch kochen wollte.

Seine Sekretärin, die Anni, war eine von den Blitzgescheiten. Aber als ich sie das erste Mal im Vorzimmer vom Falk sah, war ich doch etwas erstaunt. Was sie am Leibe trug, kam mir vor wie ein sehr knapper einteiliger Badeanzug mit einer Tüllrüsche um die Hüften. Im Vorzimmer eines Zeitungsherausgebers eine echte Rarität!

Alle, die Blitzgescheiten wie die Ungustln, waren von Falk fasziniert. Meistens schimpften sie zwar über ihn, aber in der Art, wie sie es taten, war eine Menge Bewunderung zu spüren, und man konnte reden, worüber man wollte, sie waren in zehn Minuten wieder beim Thema Falk. Ihr Chef, genannt »der Oide«, nahm in ihrem Leben einen Raum ein, wie ich es bei anderen Angestellten noch nie erlebt hatte. Und genoss einer eine Zeit lang seine »Huld«, erschien er um zehn Zentimeter größer.

Ich hatte keine Probleme mit Falk. Er bezahlte mich gut, aber ich hatte einen Vertrag abgelehnt, obwohl er mir noch wesentlich mehr Geld gegeben hätte, hätte ich den Vertrag unterschrieben. Doch ich wollte jederzeit aufhören können. Und so konnte er seine Taktik bei mir nicht anwenden.

Die Taktik war: Leute mit Superverträgen an sich zu binden und sie dann zu schikanieren.

Ich ging ganz gern auf einen kurzen Tratsch zu ihm ins Chefzimmer. Er war übrigens viel gebildeter, als ich angenommen hatte. Und er konnte, wenn er gut gelaunt war, sehr witzig sein.

Ihm beim Reden zuzuschauen war auch spannend. Er wetzte, mehr liegend als sitzend, auf dem Sessel herum und versuchte, seine Beine miteinander zu verschlingen. Rechtes Bein übers linke drüber, unter dem linken durch und wieder übers linke drüber. Dabei klatschte er sich unentwegt mit der flachen Hand auf den Schädel.

Seine Art zu essen war befremdlich. Er führte den Bissen auf der Gabel nicht zum Mund, sondern die Gabel blieb über dem Teller, sein Kopf ruckte blitzschnell nach vorne, und der Mund schnappte sich den Bissen von der Gabel. Das wiederholte er in irrem Tempo, bis der Teller leer war.

Und redete er von seiner Frau, sagte er nie ihren Namen, sondern »sie«. Eine Eigenart, die ich aus meiner Kindheit von Männern der Unterschicht kannte.

Das Wohnzimmer der Redakteure war ein winziges Lokal auf der Wilhelminenstraße, das Bamboo. Dort hockten sie fast jeden Abend. Wer sich betrinken wollte, betrank sich, wer sein Geld verspielen wollte, konnte das an illegalen Automaten im Oberstock, wer über sein Schicksal heulen wollte, fand einen zum Trösten, und wer nur Spaß haben wollte, hatte ihn auch. Hin und wieder war ich gern dort. Ich mochte sie nicht alle, aber einige mochte ich sehr. Und so verschieden sie auch waren, sie hatten alle eine unendliche Toleranz für die Macken der anderen.

Nach ein paar Jahren in der Josefstädter Straße hielt ich es für an der Zeit, die Wohnung zu wechseln. Wir brauchten mehr Platz. Ehepartner, fand ich, sollten nicht aneinanderkleben müssen, ein leeres Zimmer zwischen den beiden kann das harmonische Zusammenleben unheimlich fördern. Und so wie wir jetzt wohnten, hatte ich ja nicht einmal wirklich ein »eigenes« Zimmer. Im Wohnzimmer, das zu meinem Zimmer geworden war, schlief und arbeitete ich, aber da wurde auch gegessen und Besuch empfangen. Und jeden Abend musste ich mein Bettzeug aus dem Korb neben dem Sofa rausholen und mein Bett erst machen.

Gleich um die Ecke, in der Piaristengasse, bot ein Hausherr eine eben fertiggestellte Dachwohnung zur Miete an. Zwei Terrassen und an die zweihundert Quadratmeter Wohnraum auf zwei Etagen. Dass ich mir diese Super-Luxus-Unterkunft nicht bis ans Lebensende würde leisten können, war mir klar. Aber für ein paar Jahre wollte ich sie haben. Wenn man als Kind so beengt gewohnt hat, dass man träumte, der Hausherr könnte einem ein Gangklo überlassen und das würde man sich wohnlich einrichten und sich dorthin zurückziehen, wenn man allein sein wollte, dann hat man anscheinend einen unsinnig großen Nachholbedarf, was Wohnraum betrifft. Wir zogen also »ums Eck herum« und ich konnte wieder Möbel aussuchen und einrichten.

Ich schrieb gern für *Die ganze Woche*. Meine Themen waren Ehe, kleine und große Kinder, Haushalt, Schule und Liebeskummer, ganz normaler Alltag eben. Ich hatte, glaube ich, bei den Lesern Erfolg, zumindest bekam ich kaum böse Leserbriefe.

Ich bot sogar Falk noch eine Kolumne pro Ausgabe an, weil ich wusste, dass sehr viele alte Frauen die Zeitschrift lasen. Ich wollte unverkitscht und trotzdem humorvoll schreiben, wie es einer alten, nicht mehr sehr gesunden, aber im Hirn noch sehr fitten Frau geht und was sie hin und wieder an ihren Nachkommen auszusetzen hat. Ich nahm mir als Vorbild meine Mutter und schrieb die Artikel in Briefform. »Werter Nachwuchs!« Untertitel: »Die nie geschriebenen Briefe der Emma K., 70«, in denen die Emma K. an Sohn oder Tochter, Schwiegertochter oder Enkelkinder schreibt. Auch diese Artikel kamen gut an, ich erinnere mich bloß an einen empörten Leserbrief. Eine siebzigjährige Dame schrieb entrüstet: »Wie stellen Sie uns alte Damen denn hin? Ich habe keine Krampfadern und gehe dreimal wöchentlich Tennis spielen!«

Aber daran, dass die Leser meine Glossen mögen, war ich aus *Kurier*-Zeiten gewöhnt. Eigentlich hatte ich dort in all den Jahren nur zwei Leserinnen vergrämt, eine, weil ich dafür gewesen war, dass das Theresianum auch Mädchen aufnehmen sollte, die andere war Edith Klinger gewesen, die TV-Tiersendungstante. Die hatte mir übel genommen, dass ich geschrieben hatte: »…ein Dobermann mit Frau Klinger im Dirndl an der Leine«.

Aber eines merkte ich bei der *Ganzen Woche* schon: Eine gewisse Leserschicht versteht Ironie nicht. Schrieb ich zum Beispiel über meine Schlamperei und dass mir ein ordnender Kammerdiener guttäte, bekam ich Briefe, in denen sich Menschen allen Ernstes bei mir um diesen Job bewarben. Das war ich aus *Kurier*-Zeiten nicht gewohnt.

Natürlich bekam ich für die doppelte Arbeit nicht doppelt so viel Geld, aber das wäre auch wirklich übertrieben gewesen.

Vom merkwürdigen Gefühl, keine Eltern mehr zu haben, und dem spontanen Ende mehrerer Kolumnen

Viel früher als sonst fuhren wir mit meiner Mutter im nächsten Jahr ins Waldviertel raus, weil sich der Nö so nach dem Haus und der Gegend sehnte und es immer noch nicht schaffte, dort allein zu sein. Ich nahm mir vor, den ganzen Sommer draußen zu bleiben, ohne eine einzige Unterbrechung. Bücher schreiben konnte ich dort genauso gut wie in Wien, und meine Artikel konnte ich faxen.

Dass es meiner Mutter nicht gut ging, hatte ich ja gewusst, aber wie schlecht es ihr ging, merkte ich erst im Waldviertel, als ich den Unterschied zum vorigen Sommer sah. Sie aß kaum mehr etwas, blieb manchmal bis Mittag im Bett, machte sie ein paar Schritte, musste sie sich an Möbelstücken abstützen. Ihre Augen waren auch viel schlechter geworden, sie ging zeitig schlafen und schlief oft untertags kurz im Lehnstuhl ein.

An einem Abend rief sie aus ihrem Zimmer nach mir. Ich rannte zu ihr rauf. In ihrem Zimmer war es eiskalt. Sie schlief immer auf einer Heizdecke, bei offenen Fenstern. Die Nachttischlampe brannte, vor dem Bett stand der Nachttopf, sie hatte den Kopf darübergebeugt, brach Blut – sehr viel Blut, der ganze Nachttopf war voll davon – und wollte, dass ich ihren Kopf beim Brechen halte. Sie wollte, den Kopf in meinen Händen, sterben, und wurde zornig, als ich nach dem Nö schrie und ihm sagte, er solle die Rettung anrufen.

Eine Viertelstunde später war die Rettung da und brachte sie nach Zwettl. Bevor sie in den Rettungswagen geschoben wurde, hatte sie resigniert gesagt: »Und grad heuer hab ich meine Pulver in Wien vergessen!«

Der Nö und ich fuhren hinter der Rettung her. Dass sie Magenkrebs hatte und operieren keinen Sinn mehr, war schnell klar. Nach zwei Tagen war sie nicht mehr bei Bewusstsein und lag dann, angeschlossen mit allerhand Schläuchen an Geräte, auf der Intensivstation. Die Augen hatte sie offen. Die Ärzte versicherten mir, dass sie nichts sehe, nichts höre, nichts spüre. Ich glaubte ihnen, aber sooft ich an ihrem Bett stand, meinte ich, sie schaue mich zornig an, weil ich sie nicht in ihrem Bett hatte sterben lassen. Nach drei Wochen wurden die Geräte abgeschaltet.

Keine Eltern mehr zu haben, daran musste ich mich erst langsam gewöhnen. Nun war ich von niemandem mehr »mein Madl«. Ich hatte drei Wochen Zeit gehabt, mich darauf vorzubereiten, trotzdem kam ich mir dann ziemlich verloren vor. Ihre Wohnung »besenrein« zu machen, überließ ich meiner Schwester. Vom Hab und Gut meiner Mutter nahm ich mir nur die henkellose, kackebraune Kriegskunstleder-Tasche aus Pappe mit einer Lackschicht drüber. Drin waren die vielen Kuverts mit Aufschriften wie »Licht und Gas«, »Anziehen«, »Essen«, »Geschenke«, … Am Monatsanfang hatte sie immer ihre Pensionen von der Sparkassa geholt und das Geld auf die Kuverts verteilt, und die Kuverts wieder in die Papptasche getan. Nie wäre es ihr eingefallen, aus einem Kuvert Geld zu nehmen und es für etwas anderes zu verwenden als für den auf dem Kuvert angegebenen Zweck. Wenn am Monatsende noch Geld in einem Kuvert gewesen war, hatte sie es in das Kuvert »Geschenke« getan, und meistens war in fast allen Kuverts noch allerhand Geld geblieben und sie war stolz gewesen, zu Weihnachten teure Geschenke kaufen zu können.

Da ich mich nicht mehr um meine Mutter kümmern musste und die Töchter mich auch nur mehr in »Notfällen« brauchten, konnte ich viele Einladungen von Kulturinstituten und Verlagen, die meine Bücher im Ausland herausbrachten, annehmen. Ich flog nach Schweden und lernte Astrid Lindgren kennen, wofür ich dem Schicksal – oder wem immer – unendlich dankbar bin. Menschen wie Astrid trifft man selten. Von ihr ging so etwas wie ein »warmer Strom« aus, ohne viele Worte fühlte man sich von ihr angenommen und verstanden. Ich flog nach Spanien und lernte viele Menschen kennen, die begeistert dabei waren, nach dem Sturz der Diktatur die Demokratie aufzubauen. Ich flog nach Kairo und merkte, dass arabische Germanistik-Studenten meine Kinderbücher auf eine Art interpretierten, die mich sehr verwirrte. Zum Beispiel kam in einem Buch ein Bub vor, der Kieselsteine sammelt und sie in einem Kopftuch, das er zu einem Wandersmann-Binkerl geknüpft hat, mit sich schleppt. Damals hatte fast jeder Halbwüchsige in Wien ein Arafat-Tuch, drum war eben das Binkerl aus einem Arafat-Tuch. Die Studenten in Kairo dachten, ich hätte damit symbolisch das schwere Los der Palästinenser gemeint. Oder ich fuhr auf Kinderbuch-Tagungen und stritt mit Gleichgesinnten wacker gegen die Autoren, Verleger, Buchhändler, Lektoren und Bibliothekare, die in den Kinderbüchern die »heile Welt« bewahrt haben wollten und meinten, Kinder habe man vor »den bösen Erwachsenen-Geheimnissen« möglichst lange zu schützen.

Ich fuhr aber auch privat mit dem Nö weg, meistens nach Italien oder Portugal, oder machte Weiber-Urlaub mit der Ursula Pasterk. Mein Leben war schön, ich hatte daran nichts auszusetzen.

Die ganze Woche verkaufte sich gut, aber das war nicht der Erfolg, um den es Falk ging. Ihm ging es darum, erfolgreicher als Hans Dichand zu sein. Er baute seine »Arche Noah« im Niemandsland hinter der Brünner Straße, unten die Druckerei, oben überreichlich Büros. Eine Tageszeitung, bunt und billig, wollte er machen: *täglich alles* würde sie heißen.

Ich sollte das »Ohrwaschel«, also ein kleines Kastel rechts unten auf Seite 1 schreiben. Dass da keine Qualitätszeitung im Entstehen war, wusste ich natürlich. Aber gerade das reizte mich. In den sogenannten Qualitätszeitungen, sagte ich mir, äußern Kolumnisten die Meinungen, die ihre Leser ohnehin schon haben. Leser und Kolumnist nicken einander sozusagen wohlwollend zu und freuen sich, gleicher Qualitätsmeinung zu sein. Ich meinte, die Menschen, die diese Falk-Zeitung lesen würden, gut zu kennen. Ich war ja unter ihnen groß geworden. Und ich meinte, dass es möglich sein müsste, sie mit Witz und Humor zu mehr Toleranz zu »verlocken« und dazu zu bringen, Vorurteile abzulegen, zu sagen: »So kann man das eigentlich auch sehen, vielleicht sollte ich doch meine Meinung ändern!«

Ich meinte sogar, trainiert durch das Schreiben für Kinder, komplexe Zusammenhänge so einfach erklären zu können, dass sie jeder versteht. Lange Jahre des Erfolgs machen halt ein bisschen größenwahnsinnig!

Vertrag unterschrieb ich wieder keinen, »teuer einkaufen« ließ ich mich nicht, aber das »Ohrwaschel« schrieb ich ein paar Wochen lang. Dann wurde das Konzept für das Titelblatt geändert, statt dem »Ohrwaschel« kam eine Werbung für einen Billig-Friseur drauf, und ich übersiedelte auf Seite 2. Ich schrieb nicht mehr 17 Zeilen zu 40 Anschlägen, sondern 44 Zeilen zu 60 Anschlägen, »Mit Hausverstand« war der Titel der Kolumne.

Ich schrieb links auf Seite 2, gegenüber, rechts auf Seite 3, schrieb im gleichen Format Gerd Leitgeb. Die Platzierung links-rechts passte auch für die politische Ausrichtung der Kolumnen. Leitgeb schrieb nicht konservativ, er schrieb reaktionär. Er spielte den Staberl-Part. Wofür ich gedacht war, weiß ich nicht, denn nach wie vor redete mir Falk nicht drein, aber angeblich war er mir gram, weil ich es abgelehnt hatte, mein Gesicht für eine Werbe-Postwurf-Sendung zur Verfügung zu stellen. Eine Zeit lang nahm mir auch Freda Meissner-Blau zweimal die Woche die Arbeit ab.

Man kann von den Leserbriefen nicht auf die Gesamtheit der Leser schließen, aber was mir da an Briefen von der Anni überreicht wurde, war Post vom »Bodensatz der Nation«, meistens anonym, oft voll Obszönitäten. Dass es Menschen gibt, die einen Brief mit einer Nadel hundertmal durchstechen und dazu schreiben »Weil ich Sie nicht hier habe!«, hatte ich nicht gewusst. Und schreibt jemand »Ich sehe Sie Trampel jeden Tag aus dem Haus gehen«, und vermerkt dazu exakt die Tageszeiten, an denen man in den letzten Tagen das Haus verlassen hat, muss man sich beim Weggehen schon zusammenreißen, um sich nicht umzuschauen, hinter welchem Fenster der Briefschreiber denn lauern könnte.

Aber damit konnte ich einigermaßen zurechtkommen, indem ich mir tröstend sagte: Die Vernünftigen schreiben keine Leserbriefe.

Schlimmer war für mich die Verachtung, die mich viele ehrenwerte Bekannte spüren ließen. Einer sagte zum Beispiel in alkoholisiertem Zustand zu mir: »Seit du für den Falk schreibst, graust mir vor dir!« Das nagt an einem.

Je mehr Zeitungen täglich verkauft wurden, umso größere Verluste hatte Falk, weil er keine Anzeigen bekam, obwohl er Werbeplatz zu Schleuderpreisen anbot. Ein Werbeagentur-Chef erzählte mir, daran sei die irrwitzige Anti-EU-Haltung Falks schuld, keine potente Firma wollte damit etwas zu tun haben.

Als ich die Schlagzeile »Klestil, gibst du die Löffler ab?« sah, reichte es mir, ich stellte mein privates, wenig erfolgreiches »Volksbildungswerk« ein. Um Mitternacht wechselte ich noch ein paar bittere Faxe mit Falk, seine nicht minder bitter als meine, dann waren die langen Jahre meiner Arbeit für ihn erledigt.

Von wiedererlangter Lebensqualität und dem vermeintlich allerletzten Umzug und von der Not, die erfinderisch macht

Mein Leben hatte an Qualität gewonnen. Der tägliche Druck, bis spätestens zwölf Uhr eine Kolumne senden zu müssen – jetzt gab es schon Computer und Internet – war weg. Das Stressige war ja nicht nur gewesen, ein passendes Thema zu finden, sondern es exakt, auf die Zeile genau, in das Kastel reinzukriegen, und kein Wort mehr, keines weniger dafür zu brauchen. Sichtlich hatte mich das so genervt, dass ich mir bereits eine irre Art zu träumen zugelegt hatte. Ich hatte nicht mehr in bunten Bildern geträumt, ich hatte im Traum jede Nacht einen großen, gelblichen Bildschirm mit grauen Buchstaben vor mir gehabt und hatte von dem meine Träume abgelesen, als ob ich – oder jemand anderer – sie gerade in eine Tastatur tippen würde.

Nachdem ich aufgehört hatte, die Kolumnen zu schreiben, waren die irren Bildschirm-Träume verschwunden und kehrten nie mehr zurück.

Nur sich selbst für das eigene Arbeitstempo verantwortlich zu sein, ist ein Luxus, den sich nicht viele Menschen leisten können. Das wusste ich und genoss es. Aber ich hatte immer die Disziplin, Manuskripte zum versprochenen Termin pünktlich abzuliefern. Den drei Verlagen, die meine ersten drei Bücher verlegt hatten, war ich treu geblieben, und sie waren mir treu geblieben. Ein Workaholic war ich nicht mehr, aber ich arbeitete viel. Manches Buch entstand auch, weil ich noch immer nicht gelernt hatte, »Nein« zu sagen, und gern vergaß, dass der Tag nur vierundzwanzig Stunden hat.

Rief der Jochen an, der nicht nur mein Verleger bei Beltz & Gelberg war, sondern auch ein sehr guter Freund, und sagte, er brauche dringend fürs nächste Jahr ein Buch von mir, sagte ich zu. Dann rief er jede Woche an und fragte, wie weit ich mit dem Buch gekommen sei, und mir fiel der Anfang einer Geschichte ein, den erzählte ich ihm, und bei jedem weiteren Telefongespräch erfand ich ein bisschen dazu und mogelte ihm manchmal auch vor, dass ich bereits drei oder vier Kapitel geschrieben hätte. Und nach ein paar weiteren Wochen kam er angeflogen und wollte mit mir das neue Buch ausführlich besprechen, wohl, weil ihm meine Telefon-Erzählungen etwas zu vage gewesen waren. Und dann saß ich mit ihm irgendwo bei einem Glas Wein und fabulierte drauflos und beim dritten Glas hatte ich die Story halbwegs fertig. Not macht eben erfinderisch.

Portrait (ca. 1980)

Der Hubert wiederum, der früher bei Jugend & Volk gewesen und inzwischen zumindest so ein guter Freund von mir war wie der Jochen, hatte sich selbstständig gemacht und einen eigenen kleinen, feinen Kinderbuch-Verlag, den Dachs-Verlag, gegründet. Der brauchte dringend jedes Jahr ein Buch von mir. Meine Bücher verkauften sich gut, und ein kleiner Verlag hat es bitter nötig, so ein Buch im Programm zu haben. Außerdem tat es gut, dass ich mich mit ihm nicht unentwegt wegen irgendwelchen angeblichen »Austriazismen« herumschlagen und meine Paradeiser und Topfenkolatschen, meine Endungen auf -erl und meine Artikel vor den Vornamen nicht verteidigen musste.

Mein dritter Verlag, der Oetinger-Verlag, drängte mich nicht und hatte meine Bücher nicht nötig, aber er war mir lieb und wert, und so produzierte ich halt im Kreis herum.

Fürs Fernsehen arbeitete ich kaum mehr. Schreibt man Drehbücher, ist man der Erste, der arbeitet und muss dann drauf warten, was andere draus machen. Und missfällt einem das Ergebnis, kann man als höchste Stufe des Protests bloß drauf bestehen, dass im Abspann der eigene Name gestrichen wird. Bei den enormen Kosten, die ein Film macht, wäre es ja auch irre, wenn der Drehbuchautor sagen dürfte: »Sorry, so war das nicht gemeint, das darf nicht gesendet werden!«

Außerdem leistete sich der ORF immer weniger Eigenproduktionen oder Co-Produktionen mit deutschen Sendern, und ich hatte auch keine Lust, mir ständig zu überlegen, wer es ehrlich mit mir meinte und wer nicht. Intrigen kannte ich von Verlagen und vom Rundfunk nicht. Dort waren Lob und Kritik ehrlich. Und wenn mich ein Fernsehregisseur bei jedem Treffen umarmte und »Schwester« nannte und nie an meinen Drehbüchern etwas auszusetzen hatte, ging ich davon aus, dass er mich und das, was ich geschrieben hatte, mochte. Erfuhr ich dann, dass er den Schauspielern gesagt hatte, sie sollten sich weigern, meinen Text zu sprechen, denn das gefährde ihr »Image«, bei einer Serie sei das anders als bei einem normalen Film, da würden die Zuschauer den Schauspieler mit seiner Rolle gleichsetzen und meinen, dieser Mensch hätte tatsächlich so einen miesen Charakter wie der Typ im Film, dann war ich ratlos, wahrscheinlich sogar verletzt. Und riefen dann die Schauspieler bei mir an und teilten mir mit, dass sie diesen oder jenen Satz absolut nicht sagen würden, und überhaupt »nette Menschen« sein wollten und ich möge gefälligst die Drehbücher ändern, dann reichte es mir.

Nach fünf Jahren in der Luxusunterkunft verlängerte ich den Mietvertrag nicht mehr. Wir wollten in die Teybergasse zurück. In den zehn Jahren, seit wir weggezogen waren, hatte sich dort allerhand getan. Zuerst war die alte Nowak gestorben, die Christine war in ihre 3-Zimmer-Wohnung eingezogen, die Barbara und ihr Freund hatten weiter im Hochparterre gewohnt und aus unserer Wohnung im zweiten Stock ein Grafikatelier gemacht. Dann war die Christine mit ihrem späteren Mann nach Konstanz übersiedelt, der Freund der Barbara war zum »Schnee von gestern« geworden, und den ganzen zweiten Stock und die Hochparterre-Wohnung konnte die Barbara ja nicht brauchen. Die wollte überhaupt weg, die Gegend sei ein Friedhof mit Zombies, meinte sie. Sie wollte wohin, wo »es mehr lebte«, in die Leopoldstadt zum Beispiel. Ich kaufte ihr eine kleine Wohnung auf der Praterstraße, gab der Eva und dem Harry die Hochparterre-Wohnung zurück und ließ den zweiten Stock zu einer bequemen Wohnung umbauen. Ich konnte wieder planen und einrichten, und war der felsenfesten Überzeugung, dass das mein allerletzter Wohnungswechsel sein würde.

»Zweimal umgezogen ist einmal abgebrannt«, sagte mein Großvater. So gesehen war ich schon dreimal abgebrannt, das musste jetzt reichen.

Von unerwarteten Krankheiten und der bisher unbekannten Freude am Faulsein und von Enkeln, die man zu wenig sieht

»Alt« war ich mir einmal mit 36 oder 37 Jahren vorgekommen, als ich meinte, ein sehr attraktiver Mann versuche – seinen Blicken nach zu schließen – mit mir zu flirten, und dann kapierte, dass seine Blicke nicht mir, sondern der Tochter an meiner Seite galten. Doch das hatte mich eher amüsiert als bedrückt. All die Jahre danach hatte ich über mein Alter kaum nachgedacht, und als wir in die Teybergasse zurückzogen, war ich sechzig Jahre und kam mir nicht alt vor. Dass fast alle meine ehemaligen Mitschülerinnen bereits in Pension waren und sich noch darüber freuten, erstaunte mich. Freilich merkte ich, dass mein Arbeitstempo ein bisschen nachgelassen hatte und dass ich schneller müde wurde als früher, aber so an die sechzig, fünfundsechzig Arbeitsstunden pro Woche bekam ich immer noch leicht hin.

Traurig fand ich es, dass die Christine nicht mehr in Wien lebte. Sie hatte inzwischen eine kleine Tochter und einen noch kleineren Sohn. Ich hatte zwar immer erklärt, mich störe es überhaupt nicht, meine Töchter nur selten oder gar nicht zu sehen, solange ich weiß, dass es ihnen gut geht. Nun merkte ich doch, dass das nicht so war, die Christine ging mir einfach ab, und nur drei, viermal im Jahr die Enkel zu sehen, war auch ein bisschen wenig. Das reichte nicht für die Beziehung, die ich gerne zu ihnen gehabt hätte. Kaum waren wir miteinander vertraut geworden, waren sie auch schon wieder weg, und drei Monate später mussten sie und ich wieder neu anfangen, uns nahezukommen.

Ab einem gewissen Alter weiß man, dass Krankheiten auf einen zukommen könnten, und man hat auch konkrete Befürchtungen, je nachdem, auf welche Weise man zu sorglos mit sich umgegangen ist. Wer, wie ich, seit fast einem halben Jahrhundert raucht, fürchtet den Lungenkrebs, um meine Brust sorgte ich mich nicht. Anscheinend meinte ich, der Krebs suche sich ordentlich große Brüste aus und ignoriere sekundäre Geschlechtsmerkmale wie die meinen. Dementsprechend sorglos ging ich zur nächsten Mammographie und war geschockt, als ich die Diagnose »Brustkrebs« bekam. Der saß in der Brustwarze und den Milchkanälen. Die Brust musste weg! Da die Brustwarze unwiederbringlich verloren war, wollte ich auch keinen »Brustaufbau«, eine falsche Brust mit tätowierter Pseudo-Warze schien mir kein Ersatz zu sein, ich lehnte also ab.

Drei Monate Chemotherapie, dann Operation, hinterher wieder drei Monate Chemotherapie, lustig ist das nicht, aber auszuhalten. In den USA, erzählte mir mein Operateur, gibt es Frauen, die angeschlossen an die Infusion im Auto spazieren fahren. Ich konnte nicht einmal an dem Buch weiterschreiben, das ich begonnen hatte. Etwas Vernünftiges zu lesen, ging auch nicht. Ich hockte von Chemo zu Chemo auf dem Sofa herum, und war gerade noch fähig zu kochen.

Auch wenn man schon über sechzig ist und nicht sehr eitel, kommt man mit dieser Verstümmelung nicht leicht zurecht. Mich nackt anzuschauen, schaffte ich viele Jahre nicht. Wie es mir gelang, in einem Badezimmer mit Riesenspiegel hartnäckig meinem Spiegelbild zu entgehen, weiß ich nicht.

Die Frage »Wieso gerade ich?«, die viele Menschen dann umtreibt, stellte ich mir nie. Genauso gut müsste ich mich ja fragen, wieso ich von einem Dutzend Krankheiten, die auch nicht leicht zu ertragen sind, verschont bleibe. An »Schicksal« habe ich nie geglaubt, an eine kranke Seele, die mein Immunsystem lahmlegt, auch nicht. Und die alternative Zusatznahrung, die bemühte Freunde anschleppten, blieb ungegessen und ungetrunken. Wenn mir schon von der Chemo speiübel war, tat ich mir doch nicht auch noch täglich einen Liter Rote-Rüben-Saft an!

Mich schön langsam wieder sicher im Leben zu fühlen, dabei halfen mir eigentlich nur die schulmedizinischen Kontrolluntersuchungen und der beruhigende Satz »Alles soweit in Ordnung!«

Und dass ich wieder schreiben konnte, half mir auch.

Früher hatte ich am liebsten für sehr große Kinder geschrieben, für 13- bis 14-jährige. Da muss man nicht drauf schauen, ob die Sätze auch so sind, dass sie die Leser nicht überfordern. Je älter ich wurde, umso größer wurde mein Verdacht, dass ich schön langsam von Teenies nicht mehr genug verstehen könnte, um sie zur Heldin oder zum Helden eines Buches zu machen. Junge Leser wollen sich unbedingt mit der Hauptfigur eines Buches identifizieren, wollen lesen, was sie denkt und was sie fühlt. Jahrzehntelang war ich so hautnah an jungen Leuten drangewesen, zuerst durch meine Töchter, dann durch die Kinder von Freunden, die viel später Eltern geworden waren, dass ich damit keine Probleme hatte. Aber diese Zeiten waren vorüber, und so beschloss ich, wieder mehr für kleine Kinder zu schreiben. Die, meinte ich, verändern sich von Generation zu Generation weniger.

Im Jahr 2003 wurde in Schweden zum ersten Mal der Internationale Astrid Lindgren Memorial Award vergeben. Ein jährlicher Preis für Kinderbuchautoren und Kinderbuchillustratoren, das Preisgeld in einer Höhe, die für Autoren unseres Metiers schwindelerregend war. In Schweden hat Kinderliteratur eben einen anderen Stellenwert als im Rest der Welt.

Ich hatte gehört, dass es diesen Preis geben würde, aber wer ihn bekommen könnte, hatte ich mich nicht gefragt. Dazu kannte ich die Kinderliteratur weltweit nicht gut genug. Ich hatte mich auch nicht dafür interessiert, wann die Jury den – oder die – Preisträger bekannt geben würde. Und dann rief eines Vormittags eine Dame aus Schweden an und teilte mir in aller Coolness mit, dass der Zeichner Maurice Sendak und ich zu gleichen Teilen den Preis bekommen würden.

Wie man sich fühlt, wenn man von einer coolen Dame am Telefon hört, dass man als Erste die höchste Auszeichnung erhalten hat, die eine Kinderbuchautorin bekommen kann? Einen Preis im Andenken an die Frau, die man uneingeschränkt bewundert, dazu noch gemeinsam mit dem Zeichner, den man seit Jahrzehnten am meisten schätzt? Man sitzt etwas verwirrt auf Wolke 7, baumelt mit den Beinchen, und freut sich, von der Jury als »Nicht-Erzieherin vom Kaliber Astrid Lindgrens« gelobt worden zu sein. Und hofft, dass Astrid das auch so gesehen hätte.

Bei der Preisverleihung in Stockholm, an der auch meine damals noch kleinen Enkel teilnahmen, waren die beiden allerdings weniger von der schwedischen Kronprinzessin fasziniert, sondern weit mehr von der riesigen, überlangen Volvo-Limousine, in der sie während der Tage in Stockholm fahren durften.

»Wie Michael Jackson«, erklärte der fünfjährige Nando, fühle er sich, dann übermannte ihn die Euphorie komplett, er sprang im Wagen auf – Kindersitze hatte die Staatskarosse nicht – und rief: »Wir sind berühmt, wir sind berühmt!«

Schreiben machte mir immer noch Freude, aber zunehmend machte mir auch Faulsein Freude. Es tat gut, in der Sonne zu liegen, einen Blöd-Film im Fernsehen anzuschauen, dreimal so lange wie früher die Zeitung zu lesen und kein schlechtes Gewissen zu bekommen, wenn ich einen Tag den Rechner nicht einschaltete. Ich lud oft Freunde ein und bekochte sie, ich flog auch gern zur Christine, die jetzt in Antwerpen lebte. Manchmal kam der Nö mit, doch der wurde leider – wie es die Töchter freundlich nannten – eine »alte Schrulle«. Seine ganze Vitalität, sein Verlangen nach Abwechslung im Leben waren dahin. Er brauchte sture Regelmäßigkeit und die kleinste Veränderung irritierte ihn. Am liebsten wäre er ständig im Waldviertel gewesen, doch allein hielt er es dort noch immer nicht aus, also wartete er ungeduldig, bis ich bereit war rauszufahren. Einmal die Woche holte er sich einen Stoß Bücher aus der Buchhandlung, zu Ärzten ging er auch. Gegen den Reizdarm ließ er sich eine Diät verschreiben, die er nicht einhielt, gegen die Schwerhörigkeit ein Hörgerät, das er nicht trug, und für den Fuß, der über winzige Bodenunebenheiten stolperte, verschrieb ihm der Orthopäde eine Schiene, die er nicht anschnallte. Und er verstummte. War Besuch bei uns, saß er meistens nach dem Essen wie der »Steinerne Gast« noch eine halbe Stunde bei uns, dann stand er auf und sagte: »Ich ziehe mich zurück!«

Dieses »Ich ziehe mich zurück« war oft tagelang sein einziger Beitrag zur Kommunikation mit mir. Er zog sich nach dem Frühstück zurück, er zog sich nach dem Mittagessen zurück, er zog sich nach den Abendnachrichten zurück. Ich weiß, das klingt bitter. Aber es war auch bitter. Um das Verhalten eines Menschen zu verstehen und zu akzeptieren, braucht man wenigstens ein paar Anhaltspunkte für dessen Veränderung. Wenn dieser Mensch nicht bereit ist, über sich zu reden und man nur rätseln und raten kann, was mit ihm passiert sein könnte, kann man sein Verhalten nur tolerieren, also erdulden.

Im Waldviertel war es besser mit dem Nö. Da ging er spazieren, mähte den Rasen, redete mit Nachbarn, fuhr einkaufen und hackte sogar wieder Holz.

Im Mai 2007 fuhren wir ins Waldviertel raus. Ein paar Wochen wollten wir draußen bleiben. Das Wetter war für Waldviertler Verhältnisse traumhaft schön, und der Nö war verblüffend aktiv und heiter, sogar für seine Waldviertler Verhältnisse.

Als wir zwei Wochen draußen waren, wurde ich im Morgengrauen munter und hatte das Gefühl, im Haus stimme etwas nicht. Ich schaute vor die Tür. Die Tür zum Zimmer gegenüber stand offen, und auf dem Bett, in dem ich vor zwanzig Jahren meine Blut spuckende Mutter gefunden hatte, saß der Nö, nackt und voll eingetrockneter Kacke. Er musste schon stundenlang da gesessen sein. Er starrte mich an und fragte: »Was kann denn das sein?«

Ich führte ihn die Treppe runter ins Bad. Er ging ganz normal, bloß wiederholte er andauernd: »Was kann denn das sein?«

Ich half ihm, sich in die Badewanne zu setzen und duschte ihn ab. Warum es mir so wichtig war, ihn zuerst einmal sauber zu bekommen, weiß ich nicht. Ich vermute, es hatte mit Menschenwürde zu tun. Es dauerte lange, bis das ganze eingetrocknete Zeug weg war, und es dauerte noch länger, ihn wieder aus der Wanne zu kriegen, denn er konnte den Po nur eine Handbreit heben. So schob ich ihm ein Badetuch unter, und dann noch eines, und noch eines, bis er auf einem hohen Stapel aus Badetüchern saß und ich ihn aus der Wanne ziehen konnte.

Er zog sich an, setzte sich zum Tisch und sagte, er brauche keinen Arzt, es gehe ihm wieder gut, bloß ein Häferl Tee hätte er gern. Dann stand das Teehäferl vor ihm auf dem Tisch, er wollte es zum Mund heben, doch er packte fünf Zentimeter neben dem Henkel vom Häferl zu, hob die leere Hand zum Mund und schaute verwirrt, weil er keinen Tee auf den Lippen spürte. Da rief ich die Rettung an.

Vierzig Minuten später, im Krankenhaus in Zwettl, redete der Nö wieder völlig normal, scherzte mit den Ärzten und fand es »etwas übertrieben«, dass er zur Beobachtung ein, zwei Tage hierbleiben musste. Die Ärzte sagten mir, das sei ein leichter Schlaganfall gewesen, da werde sicher nichts »zurückbleiben«. Ich nahm mir im nächsten Hotel ein Zimmer.

Nach Mitternacht rief das Krankenhaus an. Der Nö hatte einen zweiten Schlaganfall erlitten. Er war, bis auf den linken Arm, völlig gelähmt und konnte nicht sprechen. Wir brachten ihn nach Wien, in die Klinik auf dem Rosenhügel. Sein Zustand veränderte sich nicht, nach etlichen Wochen hieß es, ich müsse mich um einen Platz in einem Pflegeheim bemühen. Alle Ärzte, auf deren Meinung ich vertraute, meinten, die Pflegestation im Kaiser-Franz-Josefs-Spital sei in Wien die beste Möglichkeit. Aber die Warteliste war lang, und so nutzte ich zum ersten Mal im Leben »Beziehungen« und »Kontakte« und hatte eine Woche später ein Bett für den Nö.

In der ersten Zeit versuchte der Nö noch verzweifelt, sich verständlich zu machen, doch wie wir seine Blicke und Handbewegungen auch zu interpretieren versuchten, wir schienen falschzuliegen. Und er war weiter völlig stumm. Andere Patienten, deren Sprachzentrum auch zerstört war, stießen unverständliche Laute aus, der Nö nicht. Ein einziges Mal, als die Barbara zum Abschied die Faust gehoben und »Rot Front« gesagt hatte – ein Gruß, mit dem sie sich früher manchmal spaßhalber verabschiedet hatten –, hatte er, als sie schon an der Tür war, die linke Faust gehoben und leise, aber deutlich »Rot Front« hinter ihr her gesagt.

Nach ein paar Wochen gab er auf, zeigte nur noch mit einer ablehnenden Handbewegung, dass der eintretende Besuch wieder gehen solle. Und das sollte fast jeder Besuch außer mir und den Töchtern. Mich winkte er zwar nur selten aus dem Zimmer, schloss aber die Augen, wenn ich mir den Sessel ans Bett schob, und zog die Hand weg, wenn ich danach griff. Versuche der Schwestern, ihn in einen Rollstuhl zu setzen, wehrte er so gut er konnte ab, und Versuche von Therapeuten, ihm die Bedeutung von Buchstaben wieder beizubringen, auch. Manchmal, wenn ich kam, schloss er erst die Augen, nachdem er sich mit der Handkante quer über den Hals gefahren war. Es sah nach »Kopf ab!« aus, aber vielleicht sollte es etwas ganz anderes bedeuten.

Besuchte ich ihn, ging es mir schlecht, ich kam mir nicht nur überflüssig, sondern auch aufdringlich vor. Blieb ich weg, bekam ich Schuldgefühle. Der Zustand erzeugte Schlaflosigkeit und Panikattacken, aber darüber zu klagen, wäre zu viel des Selbstmitleids gewesen, gemessen am Zustand, mit dem sich der Nö abfinden musste. Und gegen Panikattacken gibt es zudem prächtige Pillen, die in kaum fünfzehn Minuten happy machen.

Nach etwas mehr als zwei Jahren starb der Nö. Ich war sehr traurig, dass alles so gekommen war, doch ich war auch sehr erleichtert.

Vom hoffentlich wirklich allerletzten Umzug, von komischen Seiten unerfreulicher Erlebnisse und von enttäuschtem Kinderglauben

Die Wohnung in der Teybergasse war ein bisschen sehr groß für einen Menschen, aber daran lag es nicht, dass ich mich dort nicht mehr wohlfühlte. Wer wie ich aufgewachsen ist, kriegt gar nicht genug von überflüssigen Quadratmetern. Ich hatte mich, seit wir wieder da wohnten, manchmal an das eine Ende der »Zimmerflucht« gesetzt und den Blick durch etliche geöffnete Flügeltüren bis an das andere Ende zufrieden genossen. Die »Übergröße« hätte ich gut ausgehalten. Mich erinnerte hier einfach viel zu viel an den Nö.

Vielleicht ist es für eine Frau, die nach einer sehr langen, sehr harmonischen Ehe den Partner verloren hat, sogar ein gutes, tröstliches Gefühl, den Verstorbenen noch immer überall in der Wohnung zu spüren. Für mich war es das nicht. Das Leben mit dem Nö in der Erinnerung schönzufärben, lag mir genauso wenig, wie bitter an ihn denken zu müssen. Also musste ich weg, und meine Tochter Barbara fand das auch gut. Aber hätte sie nicht die Initiative ergriffen und die neue Wohnung für mich gesucht und sie von »belagsfertig« auf »bezugsfertig« gebracht, samt Umbauten und Einbauten, hätte ich es wohl bleiben lassen. Sich mit Installateuren, Fußbodenlegern, Elektrikern und sonstigen Handwerkern herumzuschlagen, und das in einem Alter, wo andere Prospekte für »Seniorenheime« zu sammeln anfangen, hätte ich nicht mehr auf mich genommen; trotz aller Übung, die ich im Umziehen und Renovieren hatte.

Ich wohne jetzt in der Brigittenau, die im Alt-Wienerischen »Affentürkei« genannt wurde. Woher der Name kommt, konnte ich weder aus Dialekt-Lexika noch aus dem Internet erfahren. Mit den vielen türkischen Zuwanderern, die jetzt hier leben, hat es jedenfalls nichts zu tun, dazu ist der Ausdruck viel zu alt.

Ich wohne ganz oben unter dem Dach, von der Terrasse sehe ich den Stephansturm und zehn andere Kirchtürme, das AKH und den Flak-Bunker im Augarten, also halb Wien. Manche Leute sind erstaunt, dass ich in diese Gegend gezogen bin und mir keine »bessere Gegend« leiste. Mich stören weder die Türken noch die Serben, die in dem Grätzl, in dem ich wohne, sicher in der Mehrheit sind. Im Spaß sage ich manchmal: »Ich wollte schon immer im Ausland leben!«

Jedenfalls kann mir jetzt, wenn es um Zuwanderer geht, niemand mehr hämisch sagen: »Sie reden sich leicht, Sie müssen ja nicht so wie wir dort wohnen!«

Allerdings könnten sie noch sagen: »Sie reden sich leicht, Sie wohnen auf dem Dach oben und kriegen gar nicht mit, was sich drunter abspielt!« Auf die Idee ist aber noch niemand gekommen.

Meine besten Freunde habe ich behalten, nur der Harry ist leider gestorben, aber seine Frau, die Eva, sehe ich noch immer. Mit dem Jochen Gelberg telefoniere ich, obwohl ich eigentlich »telefonscheu« bin, regelmäßig, und »HaHu«, Hubert und Hanni Hladej, sehe ich sehr oft. Auch die Ursula Pasterk ist mir geblieben. Aber ich bin auch sehr gern allein.

Fragt mich jemand, wie ich damit zurechtkomme, allein zu leben, sage ich: »Danke, gut!«

Ich habe es ja schon zu Nös Lebzeiten trainieren können.

Nicht nur, als er im Spital lag, auch vorher. Neben einem Mann, der sich dauernd »zurückzieht«, lebt man allein.

Meine Tochter Barbara wohnt bloß zwei Gassen weiter und muss nicht mehr quer durch ganz Wien fahren, um mich zu besuchen oder bei mir in der Wohnung etwas zu tun, was ich nicht mehr schaffe, wie zum Beispiel ein »Leuchtmittel« – Glühbirnen gibt es ja nicht mehr – in drei Meter Höhe auszuwechseln. Oder einfach nur: den Deckel von einem zu fest verschraubten Marmeladeglas aufzumachen.

Mein Hirn funktioniert noch ganz passabel. Manchmal lerne ich ein Gedicht auswendig, um mich zu testen. Das geht langsamer als zu Schulzeiten, aber es geht. Und dabei fällt mir immer die alte Dame ein, die einer Freundin von mir geraten hatte: »Kind, lerne Gedichte auswendig, dann hast du etwas zur Unterhaltung, wenn du nichts mehr sehen und nichts mehr hören kannst!«

Ich schätze, für diesen Bedarfsfall habe ich inzwischen gut vier Stunden Unterhaltung angespart.

Mit Namen habe ich hin und wieder Schwierigkeiten, manche fallen mir mit zwei, drei Sekunden Verzögerung ein, aber dieses Problem bemerke ich auch an weit Jüngeren. Es gibt sogar welche, bei denen jeder zweite »der Dings« genannt wird.

Mit meinem Kopf bin ich also ganz zufrieden, mit dem Rest vom Leib weniger. Aber meine Beschwerden bespreche ich lieber mit Ärzten als mit Freunden und Bekannten. Zum Jammern habe ich mich nie geeignet, es erleichtert mich nicht, jemandem en détail zu berichten, wo es wieder zwickt und zwackt, zieht und sticht, drückt oder brennt. Aber ich habe Geduld mit Leuten, die es erleichtert, und höre mir ihre Zustandsberichte mitfühlend an.

Wie es mit mir weitergeht, frage ich mich nicht, Zukunftspläne, den Rest meines sogenannten »Lebensabends« betreffend, habe ich nicht. Ich habe bei vielen Menschen, die alles genau planten, gesehen, dass es dann ganz anders kommt. Wer bereits sein künftiges Zimmer im Seniorenheim besichtigt und überlegt hat, welche Kleinmöbel er dorthin mitnehmen wird, stirbt eines Nachts überraschend im eigenen Bett daheim, und wer felsenfest überzeugt war, überraschend daheim im eigenen Bett zu sterben, weil es alle seine Vorfahren mit dem Sterben so gehalten haben, lebt dann noch fünfzehn Jahre in einem Altersheim verwundert vor sich hin. Sogar die sehr private Vorsorge eines älteren Herrn, der eine blutjunge Frau ehelichte, damit er gut versorgt ist, wenn er einmal im Rollstuhl sitzt, ging schief. Jetzt sitzt, nach einem Unfall, die blutjunge Frau im Rollstuhl, und er schiebt.

Manchmal fragen mich erstaunte junge Leute: »Sie schreiben noch?«

»Na sicher«, antwortet ich, und könnte hinzufügen: »Was soll ich denn sonst tun?«

Natürlich schreibe ich weniger als früher, aber es macht mir nicht weniger Freude als früher, wenn ich eine Seite für gelungen halte.

Dass viele meiner alten Bücher noch gern von heutigen Kindern gelesen werden, freut mich besonders. Dabei kommen darin weder Handys noch Computer vor, in vielen nicht einmal CDs, sondern Langspielplatten und Songs, die heute kein Mensch mehr kennt. Ob das für die Kinder »historische Romane« sind, weiß ich nicht. Und auch daran, dass es jetzt schon Großmütter gibt, die als Kinder meine Bücher gelesen haben, habe ich mich gewöhnt.

Ich lebe noch immer gern, und es gelingt mir nach wie vor, auch die komische Seite nicht sehr erfreulicher Erlebnisse zu sehen. Und eine komische Seite hat alles, was auf Erden passiert. Das heißt nicht, dass ich – egal, was mir zustößt – heiter bleibe. Bin ich traurig, gebe ich mich wie jeder andere diesem Gefühl hin, aber ich speichere die komische Seite der traurig machenden Angelegenheit im Hirn ab, und wenn die Trauer vorüber ist, hole ich sie hervor.

Ich lache gern. Auch über mich. Meine merkwürdigen Angewohnheiten und Eigenheiten nehme ich so tolerant hin wie die der anderen. Wenn es einem gegeben ist, viel Verständnis für die Macken anderer aufzubringen, hat man das gute Recht, es auch für die eigenen zu tun. Oft schaue ich mir gelassen dabei zu, wie ich mich bei etwas sehr falsch verhalte und sehe die Konsequenzen, die sich daraus ergeben werden, und denke: Tja, so bist du eben!

Manchmal, wenn ich mit sehr jungen Leuten rede, merke ich aber doch, wie pessimistisch ich geworden bin, und muss mich zurückhalten, um ihnen nicht mit meinem Sarkasmus ihre optimistische Weltsicht madig zu machen. Doch so weit, dass aus mir eine Zynikerin wird, will ich es nicht kommen lassen.

Aber die Ober-Optimistin war ich ja eigentlich nie, weder in der Familie noch unter meinen Freunden. Die anderen haben sich begeistert, ich habe mitgeredet und mir gedacht: Schön wäre es, nur wird wahrscheinlich nichts draus!

So geht es halt Menschen, die schon als Kinder erfahren mussten, dass alle versprochenen gesellschaftlichen Veränderungen zum Besseren leider doch nicht stattfinden. Enttäuschter Kinderglaube scheint lebenslänglich in einem zu stecken.

Dass ich trotzdem – alles in allem – immer nicht nur ein witziger, sondern ein heiterer Mensch gewesen bin, ist nicht mein Verdienst. Vielleicht liegt es an den Genen, vielleicht an all den Menschen, die so zu mir waren, dass ich das Leben schön finden konnte.

Unlängst hat mich eine junge Journalistin gefragt, ob ich glücklich bin. Junge Leute stellen solche Fragen, die wissen noch nicht, dass Glück etwas für Augenblicke ist und man damit zufrieden sein muss, zufrieden zu sein.

Bibliografie

Christine Nöstlinger

geboren am 13. Oktober 1936 als zweite Tochter von Michaela Draxler und Walter Göth in Wien

ab 1954/55	Studium an der Akademie für angewandte Kunst
1957	1. Heirat
1959	2. Heirat mit Ernst Nöstlinger
1959	Geburt der ersten Tochter Barbara
1961	Geburt der zweiten Tochter Christiane, genannt Christine
ab 1970	Veröffentlichungen von literarischen Texten
ab 1980	journalistische Texte im *Kurier*, in der Wochenzeitung *Die ganze Woche*, von 1992 bis 1999 erscheint täglich ein Kurzkommentar in der Tageszeitung *täglich alles*

Zahlreiche Preise (Auswahl)

Preise für einzelne Werke

1972	Friedrich-Bödecker-Preis für »Die feuerrote Friederike«
1973	Deutscher Jugendliteraturpreis für »Wir pfeifen auf den Gurkenkönig«

Österreichischer Staatspreis z. B. für

1974	»Achtung! Vranek sieht ganz harmlos aus«
1979	»Rosa Riedl Schutzgespenst«
1987	»Der geheime Großvater«

Kinder- und Jugendbuchpreis der Stadt Wien für
1987 »Der geheime Großvater«
1990 »Anna und die Wut«
1991 »Sowieso und überhaupt«

1979 UNIDA-Preis für Hörfunk für »Dschi-Dschei Wischer Dschunior«

1979 Mildred L. Batchelder Award für »Konrad, das Kind aus der Konservenbüchse« (USA)

1982 Silberner Griffel für »Maikäfer, flieg!« (NL)

1990 La vache qui lit! für »Der Zwerg im Kopf« (CH)

2011 Zehn besondere Bücher zum Andersen-Tag (Hauptverband des Österr. Buchhandels und BMUKK seit 2004) für »Lumpenloretta«

Ehrungen und Preise für das Gesamtwerk

1984 Hans-Christian-Andersen-Medaille, IBBY

1986 Nestroy-Ring, Wien

1994 EA-Generali-Sonderpreis für gewaltfreie Erziehung

1998 Ehrenpreis des österreichischen Buchhandels für Toleranz in Denken und Handeln

2002 Wildweibchenpreis. Literaturpreis für Kinder- und Jugendliteratur der Gemeinde Reichelsheim (D)

2003 Astrid-Lindgren-Gedächtnis-Preis (ALMA, Astrid Lindgren Memorial Award) (S)
Ehrenkreuz für Wissenschaft und Kunst 1. Klasse (A)

2009 Willy und Helga Verkauf-Verlon Preis für antifaschistische österreichische Publizistik

2010 Buchpreis der Wiener Wirtschaft

2011 Corine-Ehrenpreis des bayerischen Ministerpräsidenten für das Lebenswerk
Großes Ehrenzeichen für Verdienste um die Republik Österreich

2012 Bruno-Kreisky-Preis »Sonderpreis für das publizistische Gesamtwerk«

Publikationen

Kinder- und Jugendbücher

1970 **Die feuerrote Friederike.** Ill. v. Christine Nöstlinger
Ill. v. Christiane Nöstlinger. 1994
Ill. v. Barbara Waldschütz. 1996
Ill. v. Stefanie Reich. 2013

1971 **Die drei Posträuber.** Ill. v. Christine Nöstlinger
Die Kinder aus dem Kinderkeller. Aufgeschrieben von Pia Maria Tiralla, Kindermädchen in Wien. Ill. v. Heidi Rempen
Mr. Bats Meisterstück oder die total verjüngte Oma. Ein Science-Fiction-Märchen für größere Kinder. Ill. v. Franz J. Tripp

1972 **Ein Mann für Mama**
Wir pfeifen auf den Gurkenkönig. Wolfgang Hogelmann erzählt die Wahrheit, ohne auf die Deutschlehrergliederung zu verzichten. Ill. v. Werner Maurer
Ill. v. Jutta Bauer. 1990

1973 **Der kleine Herr greift ein.** Ill. v. Rolf Rettich
Maikäfer, flieg! Mein Vater, das Kriegsende, Cohn und ich. Erzählung.
Simsalabim. Ill. v. Franz Hoffmann

1974 **Achtung! Vranek sieht ganz harmlos aus.** Ill. v. Christine Nöstlinger
Der Spatz in der Hand und die Taube auf dem Dach. Ill. v. Edith Schindler
(Der Spatz in der Hand ist besser als die Taube auf dem Dach. 1976)
Ilse Janda, 14 oder Die Ilse ist weg

1975 **Der liebe Herr Teufel.** Ill. v. Peter Giesel
Konrad oder Das Kind aus der Konservenbüchse. Ill. v. Frantz Wittkamp
Rüb, rüb, hurra! Was in Oberrübersbert geschah. Ill. v. Johannes Fessl
Stundenplan. Roman

1976 **Pelinka und Satlasch.** Ill. v. Christine Nöstlinger jun.
(Pelinka und Satlasch. Zwei Riesen im Zwergenland. 1978)
Die verliebten Riesen oder Pelinka und Satlasch. 1988)

1977 **Das will Jenny haben.** Bilderbuch. Ill. v. Bettine Anrich-Wölfel
Lollipop. Kinderroman. Ill. v. Angelika Kaufmann

1978 **Die Geschichte von der Geschichte vom Pinguin.** Emanuels bester Freund. Ill. v. Walter und Traudel Reiner
Ill. v. Christiane Nöstlinger. 1987
Luki-live
Die unteren sieben Achtel des Eisberges. Familienroman aus der Wiederaufbauzeit.
(Andreas oder die unteren sieben Achtel des Eisberges. 1985)

1979 **Dschi-Dsche-i Dschunior. Wischerbriefe.** Ill. v. Franz Sales Sklenitzka
Rosa Riedl Schutzgespenst. Ill. v. Christine Nöstlinger jun.

1980 **Pfui Spinne!** Roman

1981 **Der Denker greift ein.** Ill. v. Christine Nöstlinger jun.
Rosalinde hat Gedanken im Kopf. Ill. v. Peter Schüssow
Zwei Wochen im Mai. Mein Vater, der Rudi, der Hansi und ich. Roman

1982 **Das Austauschkind.** Ill. v. Christine Nöstlinger jun.
Dicke Didi, fetter Felix. Ill. v. Winfried Opgenoorth
Ill. v. Christiane Nöstlinger. 1998
Ein Kater ist kein Sofakissen. Ill. v. Manfred Limmroth
Ill. v. Erhard Dietl. 1996

1983 **Anatol und die Wurschtelfrau.** Ill. v. Christine Nöstlinger jun.
Hugo, das Kind in den besten Jahren. Phantastischer Roman nach Bildern von Jörg Wollmann
Ill. Jutta Bauer. 1989
Jokel, Jula und Jericho. Erzählung. Ill. v. Edith Schindler

1984 **Am Montag ist alles ganz anders.** Ill. v. Christine Nöstlinger jun.
Olfi Obermeier und der Ödipus. Eine Familiengeschichte

1985 **Der Wauga.** Ill. v. Christine Nöstlinger jun.
Ill. v. Axel Scheffler. 1993

1986 **Der Bohnen-Jim.** Ill. v. Rotraud Susanne Berner
Der geheime Großvater. Ill. v. Christine Nöstlinger jun.
Geschichten für Kinder in den besten Jahren. Ill. v. Wolfgang Rudelius

Man nennt mich Ameisenbär …
Oh, du Hölle! Julias Tagebuch. Ill. v. Christine Nöstlinger jun.

1987 **Der Hund kommt.** Roman für Kinder. Abb. v. Jutta Bauer
Wetti und Babs. Ill. v. Christine Nöstlinger jun.

1988 **Echt Susi.** Ill. v. Christine Nöstlinger jun.

1989 **Der Zwerg im Kopf.** Ill. v. Jutta Bauer

1990 **Der gefrorene Prinz.** Märchenroman. Ill. v. Friedrich K. Waechter
Nagle einen Pudding an die Wand!

1991 **Eine mächtige Liebe.** Geschichten für Kinder. Ill. v. Janosch
Sowieso und überhaupt. Ein heiter-besinnlicher Familienroman. Ill. v. Reiner Bausinger
Wie ein Ei dem anderen. Roman für Kinder

1992 **Ein und alles.** Ein Jahrbuch mit Geschichten, Bildern, Comics, Texten, Sprüchen und vieles mehr … Ill. v. Jutta Bauer
Spürnase Jakob-Nachbarkind
Einen Vater hab ich auch. Roman

1995 **Der TV-Karl.** Aus dem Tagebuch des Anton M., aufgefunden bei der endgültigen Räumung der Wohnung der Anna M. in Kleinfrasdorf. Ill. v. Jutta Bauer (Teilausgabe aus »Ein und alles«)

1996 **Villa Henrietta**
Das große Nöstlinger-Lesebuch. Geschichten und Bilder. Ill. v. Franziska Biermann. Nachw. v. Hans. J. Gelberg

1997 **Bonsai**
Fröhliche Weihnachten, liebes Christkind. Ill. v. Christina Brettschneider

1998 **Emm an Ops**

2009 **Die Sache mit dem Gruselwusel**

2010 **Lumpenloretta.** Ill. v. Trixi Scheefuß

2011 **Warten auf Weihnachten**

2012 **Lilis Supercoup**

2013 **Als mein Vater die Mutter der Anna Lachs heiraten wollte.** Ill. v. Ina Hattenhauer

Bilderbücher

1972 **Pit und Anja entdecken das Jahr.** Ein Sachbilderbuch für Vorschulkinder zum Anschauen und Vorlesen. Ill. v. Bernadette Parmentier

1973 **Der schwarze Mann und der große Hund.** Ill. v. Werner Maurer
Gugurells Hund. Ill. v. Hans Arnold

1976 **Der kleine Jo.** Ill. v. Bettina Anrich-Wölfel
Das Leben der Tomanis. Durchg. farb. Ill. v. Helme Heine

1980 **Einer.** Ill. v. Janosch

1989 **Sepp und Seppi.** Bilderbuch von Vater & Sohn. Ill. v. Christiane Nöstlinger

1990 **Anna und die Wut.** Ill. v. Christiane Nöstlinger
Klicketick. Ein Bilderbuch für die Kleinen. Ill. v. Barbara Waldschütz und Reiner Bausinger

1995 **Madisou.** Mit Frank Sidibé. Ill. v. Barbara Waldschütz
Vom weißen Elefanten und den roten Luftballons. Ill. v. Barbara Waldschütz

1997 **Klaus zieht aus.** Ill. v. Christiane Nöstlinger

1999 **Willi und die Angst.** Ill. v. Christiane Nöstlinger

2012 **Guter Drache und Böser Drache.** Ill. v. Jens Rassmus

Serien

2001 **Dani Dachs will eine rote Kappe.** Ill. v. Bruno Wegscheider
Dani Dachs will sich wehren. Ill. v. Bruno Wegscheider

2002 **Dani Dachs holt Blumen für Mama.** Ill. v. Bruno Wegscheider

2003 **Dani Dachs hat Monster-Angst.** Ill. v. Bruno Wegscheider

2009 **Geschichten von Dani Dachs.** Ill. v. Erhard Dietl (Gesamtausgabe)

2008 **Leon Pirat.** Ill. v. Thomas M. Müller

2009 **Leon Pirat und der Goldschatz.** Ill. v. Thomas M. Müller

1981 **Gretchen Sackmeier.** Eine Familiengeschichte

1982 **Gretchen hat Hänschen-Kummer.** Eine Familiengeschichte

1988 **Gretchen mein Mädchen**

1999 **Gretchen Sackmeier** (alle Bände)

1984 **Liebe Susi, lieber Paul.** Zwei Freunde schreiben einander Briefe. Ill. v. Christine Nöstlinger jun.

1985 **Liebe Oma, deine Susi.** Ill. v. Christiane Nöstlinger

1986 **Susis und Pauls geheimes Tagebuch.** Ill. v. Christine Nöstlinger jun.

Geschichten vom Franz. Ill. v. Erhard Dietl

1984 **Geschichten vom Franz**

1985 **Neues vom Franz**

1987 **Schulgeschichten vom Franz**

1988 **Neue Schulgeschichten vom Franz**

1989 **Feriengeschichten vom Franz**

1990 **Krankengeschichten vom Franz**

1991 **Allerhand vom Franz** (Geschichten aus den ersten Bänden)
Liebesgeschichten vom Franz

1993 **Weihnachtsgeschichten vom Franz**

1994 **Fernsehgeschichten vom Franz**

1996 **Hundegeschichten vom Franz**

1998 **Babygeschichten vom Franz**

2000 **Opageschichten vom Franz**

2002 **Fußballgeschichten vom Franz**

2005 **Quatschgeschichten vom Franz**

2006 **Neue Fußballgeschichten vom Franz**

2007 **Franz auf Klassenfahrt**

2010 **Detektivgeschichten vom Franz**

2011 **Freundschaftsgeschichten vom Franz**

Mini-Bücher. Ill. v. Christine (Christiane) Nöstlinger jun.

1992 **Mini fährt ans Meer.** Ill. v. Christine Nöstlinger jun.
Mini muß in die Schule. Farb. Ill. v. Christiane Nöstlinger
Mini trifft den Weihnachtsmann. Ill. v. Christiane Nöstlinger
Mini und Mauz. Ill. v. Christiane Nöstlinger
Mini wird zum Meier. Ill. v. Christiane Nöstlinger

1993 **Mini als Hausfrau.** Ill. v. Christine Nöstlinger jun.
Mini ist die Größte. Ill. v. Christine Nöstlinger jun. u. Bruno Wegscheider

1994 **Mini bekommt einen Opa.** Ill. v. Christiane Nöstlinger
Mini muss schifahren. Ill. v. Christiane Nöstlinger

1996 **Mini erlebt einen Krimi.** Ill. v. Christiane Nöstlinger

1997 **Mini ist kein Angsthase.** Ill. v. Christiane Nöstlinger

1999 **Mini ist verliebt.** Ill. v. Christiane Nöstlinger

2002 **Mini feiert Geburtstag.** Ill. v. Christiane Nöstlinger

2004 **Mini greift ein.** Ill. v. Christiane Nöstlinger

2007 **Mini unter Verdacht.** Ill. v. Christiane Nöstlinger

2009 **Pudding-Pauli rührt um. Der 1. Fall.** Ill. v. Barbara Waldschütz u. mit Rezepten von Elfriede Jirsa

2010 **Der Pudding-Pauli deckt auf. Der 2. Fall.** Ill. v. Barbara Waldschütz u. mit Rezepten von Elfriede Jirsa

2011 **Pudding-Pauli serviert ab. Der 3. Fall.** Ill. v. Barbara Waldschütz u. mit Rezepten von Elfriede Jirsa

Übersetzungen / Bearbeitungen

1981 Maria Lilliecreutz: **Karolus Kugelmugel geht unter die Erde.** Ill. v. Eklund

1983 **Otto Ratz und Nanni Leseratten.** Idee und Bilder v. Hugues und Françoise Hollenstein

1984 **Die grüne Warzenbraut.** Ein norwegisches Märchen. Ill. v. Seymour Chwast
Jakob auf der Bohnenleiter. Ein englisches Märchen. Ill. v. André François
Prinz Ring. Ein isländisches Märchen. Ill. v. Heinz Edelmann

1988 **Der neue Pinocchio.** Die Abenteuer des Pinocchio neu erzählt. Ill. v. Nikolaus Heidelbach

Lyrik

1974 **Iba de gaunz oaman Kinda.** Ill. v. Heimo Lauth

1982 **Iba de gaunz oaman Fraun.** Fotos v. Barbara Pflaum

1987 **Iba de gaunz oaman Mauna.** Fotos v. Paul Schirnhofer
Iba de gaunz oaman Leit. (Iba de gaunz oaman Kinda, Iba de gaunz oaman Fraun und Iba de gaunz oaman Mauna) 1996

1996 **Mein Gegenteil.** Gedichte. Ill. v. Nikolaus Heidelbach

2011 **Achtung Kinder!** Gedichte. Ill. v. Heide Stöllinger

Sachbücher

1982 **Das kleine Glück.** Schrebergärten. Photos v. Gerhard Trumler. Hg. u. gestaltet v. Hans Schaumberger

1984 **Vogelscheuchen.** Photos v. Gerhard Trumler. Hg. u. gestaltet v. Hans Schaumberger

1989 **Einen Löffel für den Papa.** Einen Löffel für die Mama. Einen Löffel für die Oma. Einen Löffel für den Opa. Jeder Löffel für die Katz! Ill. v. Jörg Wollmann

1993 **Mit zwei linken Kochlöffeln.** Kleine Animation für Küchenmuffel

1996 **Ein Hund kam in die Küche.** Kleines Köchelverzeichnis für Männer

Sammelbände (Z – von Zeitungsartikeln)

1985 **Haushaltsschnecken leben länger.** 50 Geschichten über die Familie, Küche, schöner wohnen, Frau und TV etc. Ill. v. Christine Nöstlinger jun. (Z)

1988 **Die nie geschriebenen Briefe der Emma K., 75. Werter Nachwuchs** (Z)

1989 **Mein Tagebuch.** Ill. v. Reiner Bausinger (Z)
(Das kleine Frau. Mein Tagebuch. 1991)

1990 **Manchmal möchte ich ein Single sein.** Ill. v. Christine Nöstlinger jun. (Z)

1991 **Streifenpullis stapelweise.** (Z)

1992 **Salut für Mama.** Ill. v. Christine Nöstlinger jun. (Z)
Liebe Tochter, werter Sohn. Die nie geschriebenen Briefe der Emma K., 75. 2. Teil (Z)

1994 **Management by Mama** (Z)

1995 **Mama mia!** 16 Ill. v. d. Verf. (Z)
Was ist aus uns nur geworden. Heitere Alltagsgeschichten (Z)

1996 **Geplant habe ich gar nichts.** Aufsätze – Reden – Interviews. Hg. in Zusammenarbeit mit dem Internationalen Institut für Jugendliteratur und Leseforschung

1999 **ABC für Großmütter**

2011 **Eine Frau sein ist kein Sport. Das Hausbuch für alle Lebenslagen.** Hg. v. Hubert Hladej

2012 **Liebe macht blind – manche bleiben es.** Trost und Rat für Frauen in allen Lebenslagen. Hg. v. Hubert Hladej

Hörbuch

2001 **Iba de gaunz oaman Leit.** Gesprochen von Christine Nöstlinger

Drehbücher

Drehbücher fürs Theater

1972 **Wir pfeifen auf den Gurkenkönig**

1975 **Konrad oder Das Kind aus der Konservenbüchse**

1978 **Mister Bat's Meisterstück oder die total verjüngte Oma.** Schauspiel für Kinder in 10 Bildern. Mit Jürgen Zielinski

Vorlagen für Hörspiele

1973 **Maikäfer flieg!** ORF

1975 **Charly Denker.** Sendereihe in Mundart. ORF / Hörfunk Ö3. Monatlich ein Jahr

1979 **Dschi-Dsche-i Dschunior.** Hörfunkreihe, täglich von Jänner bis Dezember

1995 **Simsalabim.** ORF-Jumbo

Drehbücher für Fernsehfilme und -serien

1973 **Ein Mann für Mama.** TV-Film. Regie: Otto Anton Eder. ORF / ZDF

1976 **Familienzauber.** TV-Film. Regie: Walter Davy. ORF /ZDF. (Aus der Reihe »Filme für die Ferien«)

1977 **Die Emmingers.** 29-teilige Fernsehserie. Regie: Walter Davy. ORF

1978 **Die Brille.** Kurzfilm zum Thema Zivilcourage. Kursus: Telemut. ORF

Mann o Mann! Sketches mit Dolores Schmidinger u. Peter Weck zum Thema Ehepaschas nach einer IFES-Untersuchung. ORF

1979 **Dschi-Dsche-i Dschunior.** Nachhilfe-Stunde. Serie für Wir-Extra. ORF

1981 **Die Weltmaschine.** TV-Film. Regie: Peter Patzak. ORF
Es hat sich eröffnet. TV-Film. Regie: Susanne Zanke. ORF

1983 **Auf immer und ewig.** TV-Film nach der Kurzgeschichte »Eine mächtige Liebe«. Regie: Hartmut Griesmayr. Elan Film / Gierke-Company im Auftrag des ZDF

1985 **Es ist mir ein Dorn im Auge.** Ein Film über Schrebergärten. ORF

1986 **Wiener Vierteltour.** Eine sinnlich-kulinarisch-poetisch-musikalische Reise durch die Wiener Volkskultur. Regie: Rainer Pilcik. ORF

1987 **Ein Mann nach meinem Herzen.** TV-Film. Regie: Dieter Lemmel. ZDF
Rosa und Rosalind. Fernsehserie in sechs Teilen. Regie: Anton Reitzenstein. ORF

1988 **Im Vergleich zu anderen.** Regie: Anton Reitzenstein. ORF Kunststücke

1989 **Die verlorene Wut.** Ein wienerisches Singspiel. Regie: Anton Reitzenstein. Musik: Kurt Schwertsik. ORF

1991 **Frank und frei.** Musikalisches Volksstück. Musik: Erich Meixner. Produktion: Schmetterlinge / Fo-Theater.
Sowieso und überhaupt. Fernsehserie in sechs Teilen. Regie: Anton Reitzenstein. ORF

1992 **Ein Wahnsinnskind.** Fernsehserie in sechs Teilen. Regie: Erhard Riedelsberger. ORF
Vier Frauen sind einfach zuviel. Fernsehfilm. Regie: Erhard Riedelsberger. ORF

1993 **Eine Dicke mit Taille.** Fernsehkomödie. Regie: Heide Pils. Satle-Film im Auftrag des ORF

1994 **Nicht ohne Marie.** Fernsehserie in sechs Teilen. Regie: Alois Hawlik. ORF / ZDF

Verfilmungen von Christine Nöstlingers Büchern

1975 **Wir pfeifen auf den Gurkenkönig.** Regie: Hark Bohm, nach dem gleichnamigen Roman

1976 **Die Ilse ist weg.** Regie: Ilse Hofmann. BRD: ARD/WDR

1982 **Konrad aus der Konservenbüchse.** Regie: Claudia Schröder. BRD: Ottokar Runze

1985 **Konrad.** Regie: Elliot Friedgen. USA: WonderWorks Family Movie

1987 **Der liebe Herr Teufel.** Regie: Sepp Strubel, Spiel der Augsburger Puppenkiste

1991 **Der Zwerg im Kopf.** Regie: Claudia Schröder. D: DEFA

1994 **Rosa, das Schutzgespenst.** Originaltitel: Róza, strázné strasidlo. Regie: Véra Plívová-Simková, Drahomíra Králová. CZ

1998 **Die drei Posträuber.** Regie: Andreas Prochaska. Wien: Wega Film

2004 **Villa Henriette.** Regie: Peter Payer. Österreich/Schweiz (mit Christine Nöstlinger)

Glossar

Österreichische Ausdrücke

Abwasch: Spüle
Badewaschel: Bademeister
Bassena: Wasserbecken auf dem Flur
Binke(r)l: Bündel, das durch ein Tuch zusammengehalten wird
Blunzen: Blutwurst; im übertragenen Sinn: das ist mir B. = das ist mir gleichgültig
Deka, Dekagramm: 10 Gramm
einbrennte: eingebrannte, mit Mehl und Fett zubereitete
eingedepscht: eingedrückt
entern Grind: Wiener Vororte
Fleckerl: Eierteigware
futsch: weg
gfretten (sich): sich plagen, sich ärgern
Gickserl: beidseitig hochgebundene Zöpfe, Affenschaukel
Goschen: Mund, im übertragenen Sinne auch: freches Mundwerk
goschert: frech, vorlaut
Grätz(e)l: Teil eines Wohnviertels, Nachbarschaft
Greißler: Krämer, Lebensmittelhändler
Gschrappen: Kinder
Häfen: Kochtopf
Häferl: größere Tasse
Häuptel: Kopf einer Gemüsepflanze, meist eines Salats
Haxn, Haxerl: Beine
Hundstrümmerl: feste Stoffwechselendprodukte vom Hund
keppeln: fortwährend schimpfen
Kolonia-Kübel: große Mülltonne. Der Name verdankt sich der Tatsache, dass das neue System der Müllabfuhr in Kübeln in Wien aus Köln übernommen wurde.
Kredenz: Geschirrkasten
Kombinesch: Unterkleid
Lavabo: Waschbecken
Pantscherl: Liebschaft
patschert: ungeschickt

Rechaud: Tischgerät zum Warmhalten oder Erhitzen von Speisen und Getränken
Reindl/Rein: Kasserolle bzw. größere Auflaufform
Schaffel(n): großer Behälter, oft zum (Wäsche)Waschen verwendet
scheangeln: schielen
stampern (jmd.): jmd. rausschmeißen
Tandler: Gebrauchtwarenhändler
Tuchent: Bettdecke
Veigerln (Märzveigerln): Veilchen. Als Märzveigerl (= Märzveilchen) wurden jene bezeichnet, die im März 1938 unmittelbar nach dem Anschluss der NSDAP beitraten.
Ungustl: unsympathischer Mensch
urassen: verschwenderisch umgehen
verhatscht: abgetreten
vermankelt: verknotet, verworren
verwurstelt: durcheinander
wassern (jmd.): jmd. schlagen
Watschn: Ohrfeige
Zins: Miete

Die Begriffserklärungen sind zum Großteil dem *Österreichisch-Deutschen Wörterbuch* von Astrid Wintersberger und H. C. Artmann (Residenz Verlag 1995) entnommen.

Orte, Personen und anderes Wichtige

Topografisches

Die **Brigittenau, Hernals, Favoriten, Währing, Penzing** und **Ottakring** sind Wiener Bezirke, **Neuwaldegg, Dornbach** und **Pötzleinsdorf** nahe dem Wienerwald gelegene Teile von Hernals bzw. von Währing.

Das **Gänsehäufel** ist Wiens größtes, an der Alten Donau gelegenes Freibad.

Das als Theresianische Akademie von Maria Theresia gegründete **Theresianum** sollte der Ausbildung von – männlichen – Staatsdienern für Militär, Diplomatie und Verwaltung dienen. Es ist noch heute eines der renommiertesten Gymnasien Wiens.

Das **Hawelka** und das **Prückel** sind bis heute berühmte, traditionsreiche Wiener Kaffeehäuser im Wiener Stadtzentrum. Insbesondere das Hawelka war auch ein wichtiger Treffpunkt für zahlreiche Künstler.

Das **Tabarin** und die **Adebar** waren Jazz- und Tanzlokale der Nachkriegszeit, in denen ebenfalls zahlreiche Künstler verkehrten. Die **Trummelhofbar** in Grinzing zählt zu den ältesten Bars in Wien.

Das U4 war in den 80er-Jahren Wiens berühmteste Diskothek.

Die **Neunkirchner Allee** verläuft schnurgerade zwischen Wiener Neustadt und Neunkirchen in Niederösterreich.

Mediales

Die **Neue Kronen Zeitung** ist Österreichs auflagenstärkste Boulevardzeitung. Sie erscheint seit 1959 und wurde von **Hans Dichand** (1921–2010) und **Kurt Falk** (1933–2005) unter bewusster Wiederaufnahme des Namens der in der Vorkriegszeit erscheinenden »Illustrierten Kronen-Zeitung« gegründet. Kurt Falk gründete dann **Die ganze Woche** sowie die Tageszeitung **täglich alles**, letztere musste ihr Erscheinen wieder einstellen.

Gerd Leitgeb (1939–2001) war ein österreichischer Journalist, 1979–1986 Chefredakteur des **Kurier** und von 1987–2001 Kolumnist für Kurt Falks Zeitungen.

Der **Kurier** ist eine seit 1954 erscheinende, qualitätsvollere österreichische Tageszeitung.

Günther Nenning (1921–2006) war ein streitbarer, den Grünen nahestehender österreichischer Journalist, Mitherausgeber der von Friedrich Torberg gegründeten Kulturzeitschrift »Forum«, ab 1965 Eigentümer und Chefredakteur des »Neuen Forum«, 1960–1985 Vorsitzender der österreichischen Journalistengewerkschaft.

Ö3 ist der österreichweite Popsender unter den öffentlichen Radiosendern.

Der **Club 2** war 1976–1995 eine legendäre Diskussionssendung im österreichischen Fernsehen, in der brisante aktuelle Themen verhandelt wurden.

Personales

Konrad Bayer (1932–1964): experimenteller Schriftsteller, Mitglied der avantgardistischen Wiener Gruppe

Georg Danzer (1946–2007): österreichischer Liedermacher

Uzzi Förster (1930–1995): österreichischer Jazzmusiker, Künstler und seit den 50er-Jahren Betreiber diverser Jazz-Lokale in Wien

Otto Kobalek (1930–1995): Happening-Künstler im Umfeld von Helmut Qualtinger, Stammgast in zahlreichen Wiener Künstlerlokalen

Hermann Kopf (1929–1979): Schweizer Lyriker, der einige Jahre in Wien lebte, u. a. als Leiter der Galerie von Ernst Fuchs

Ursula Pasterk (1944–): österreichische Politikerin (SPÖ) und Kulturmanagerin, 1987–1996 Amtsführende Stadträtin für Kultur in Wien.

Roman Schliesser (1931–): österreichischer Journalist, 1966–1993 unter dem Namen »Adabei« Gesellschaftskolumnist der Kronen Zeitung

Hermann Schürrer (1928–1986): österreichischer Schriftsteller. 1975 begründete er mit Gerhard Jaschke die avantgardistische Literaturzeitschrift Freibord.

Sonstiges

VSStÖ: Verband Sozialistischer Studenten Österreichs

Henn: von Hartmann Henn und Peter Teichgräber gegründetes Geschäft für Möbel und Interior Design in der Wiener Innenstadt

Auch als e-Book erhältlich

Christine Nöstlinger

Eine Frau sein ist kein Sport

Das Hausbuch für alle Lebenslagen

Humorvoll-bissige, witzig-ironische Geschichten über den Alltag unter Mitmenschen, Männern und Kindern

Eine Frau sein ist kein Sport und schon gar nicht olympisch, aber oft schweißtreibend genug. Im Dauerlauf zwischen Haushalt und Beziehungskisten, zwischen Eheleben und Kindererziehung kann einem schon manchmal die Luft ausgehen, die frau zum Lachen braucht. Denn kein Problem, vor das einen der ganz normale Wahnsinn des Familienalltags stellt, ist so ernst, dass es sich nicht mit Humor lösen ließe. Das beweist Christine Nöstlinger auf ihre unnachahmliche Weise, voller Witz und Gelassenheit, mit einem liebevoll ironischen Blick auf das Leben und seine kleinen wie größeren Herausforderungen.

Dieses Buch versammelt ihre schönsten Glossen und ist Trost und Rat in allen Lebenslagen.